Wir und unsere Vergangenheit

Arbeitsmappe für Geschichte

Nr. 3

G. Grandt (Seite 2 – 21)
G. Dellmann und J. Schölling (Seite 22 – 64)
Zeichnungen: V. Uhlig

Best.-Nr. 373

ISBN 3-7989-0373-5

STOCKMANN-VERLAG, BOCHUM - MÜNCHEN

Inhaltsverzeichnis

Wie im Mittelalter Bücher hergestellt wurden

Jahrhundertelang wurden alle Bücher mit der Hand abgeschrieben. Sie waren darum sehr selten und teuer. Bücher gab es fast nur in den Bibliotheken der Klöster und der Universitäten. Sie wurden in lateinischer Sprache geschrieben.
Auf der Abbildung links kannst du sehen, wie Bücher aussahen. Dargestellt ist die linke Hälfte einer Buchseite von 1400. Die Handschrift enthält Teile der Heiligen Schrift, die im Gottesdienst vorgelesen wurden.

(1) Beschreibe die Seite, achte besonders auf den Anfangsbuchstaben und die Verzierung.

Schreibender Mönch

Wie ein handgeschriebenes Buch hergestellt wurde

Die meisten Bücher wurden von den Mönchen abgeschrieben. Der schreibende Mönch saß hinter einem schräg gestellten Pult. Mit einer angespitzten Gänsefeder schrieb er die einzelnen Buchstaben auf einen langen Pergamentstreifen, der später zerschnitten wurde. Vom 13. Jahrhundert ab wurde auch das Papier als Schreibmaterial bekannt.
An den einzelnen Buchseiten arbeiteten oft mehrere Mönche gemeinsam. Einer schrieb die Buchstaben, andere malten die reich verzierten Anfangsbuchstaben, die Ranken und Bilder. Die beschriebenen Einzelblätter wurden zu einem Buch zusammengeleimt und in dicke, schweinslederne Hüllen gebunden. Die Herstellung eines Buches dauerte oft mehrere Jahre. Es war darum sehr teuer. Eine handgeschriebene Bibel kostete damals etwa 400 Gulden. Das war so viel, wie 30 Ochsen kosteten.

(2) Begründe, warum Bücher früher so teuer waren.

Johann Gutenberg erfand den Buchdruck

Um 1450 lebte in der Stadt Mainz der Goldschmied Johann Gutenberg. Auch er dachte schon lange darüber nach, wie man Bücher einfacher und billiger herstellen könnte. Zuerst versuchte er die in Holztafeln eingeschnitzten Buchstaben auseinander zu sägen. Jetzt konnte er die einzelnen Holzbuchstaben zu Wörtern zusammensetzen und damit drucken. Die Drucke waren aber meistens unsauber und die Buchstaben brachen sehr leicht auseinander. Nach vielen verschiedenen Versuchen kam ihm der Gedanke Buchstaben aus Metall herzustellen. Sie waren unzerbrechlich und konnten immer wieder zu neuen Wörtern zusammengesetzt werden.

Wie Johann Gutenberg Buchstaben (Lettern) aus Metall herstellte

(1) Textkärtchen beschreiben den Arbeitsablauf. Klebe sie entsprechend ein.

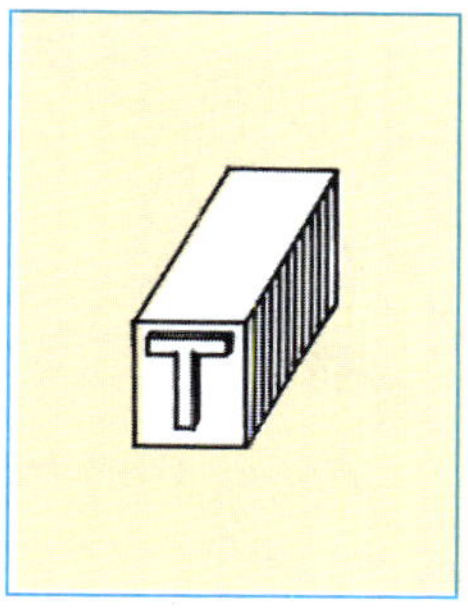
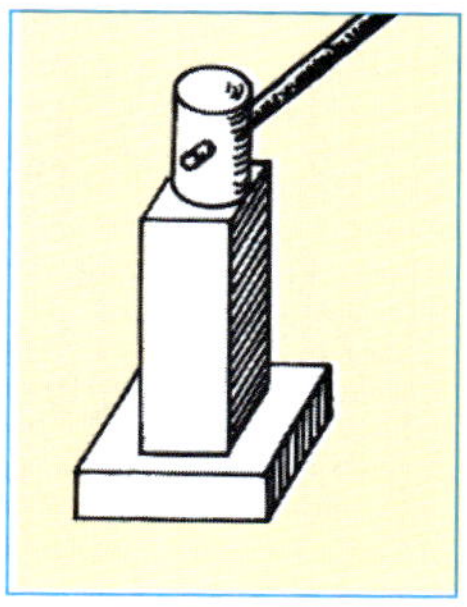

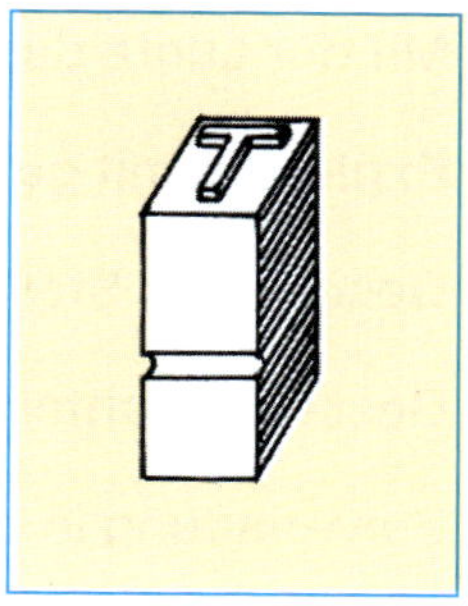

In einer Druckerei um 1500

Die Druckerei von Johann Fust und Peter Schöffer in Mainz (1586).

(2) Beschreibe die Druckerei.
Lies dazu auch Nr. 1 - 4 und schreibe die passenden Ziffern in die Kreise auf dem Bild.

(1) Zwei Setzer setzen einen Text mit Metallbuchstaben auf einer Platte zusammen.

(2) Ein Drucker färbt die Druckplatte mit einem Lederballen ein.

(3) In der Presse wird die Druckplatte auf Papier gedrückt.

(4) Ein Drucker prüft eine fertig bedruckte Seite.

(3) Als erstes großes Buch druckte Gutenberg die Bibel. Sie kostete 25 - 30 Gulden. Vergleiche den Preis dieser gedruckten Bibel mit dem Preis einer handgeschriebenen (siehe Seite 2). ____________

Gutenbergs Druckerkunst wurde schnell überall bekannt. Bereits um 1500 gab es in 260 Orten in Europa über 1200 Druckereien.

(4) Welche Folgen hatte die Erfindung des Buchdrucks für die Menschen? (Denke an Schulen, Universitäten usw.) ____________

Das Schießpulver verändert das Kriegswesen

Die ersten Feuerwaffen

Lange Zeit hatten die Chinesen ein Geheimnis gehütet. Sie konnten aus Salpeter, Kohle und Schwefel ein Pulver herstellen, das man zur Explosion bringen konnte. Aber sie verwandten dieses Pulver nicht für kriegerische Zwecke. Auf Wegen, die wir nicht kennen, kam dieses geheimnisvolle Pulver um 1300 nach Europa. Die Europäer erkannten, dass man dieses Pulver zum Abfeuern von Geschossen gebrauchen konnte. So entstanden die Feuerwaffen. Zuerst schoss man aus schweren, aus Bronze gegossenen Kanonen. Wie sie aussahen, zeigt die nebenstehende Zeichnung.

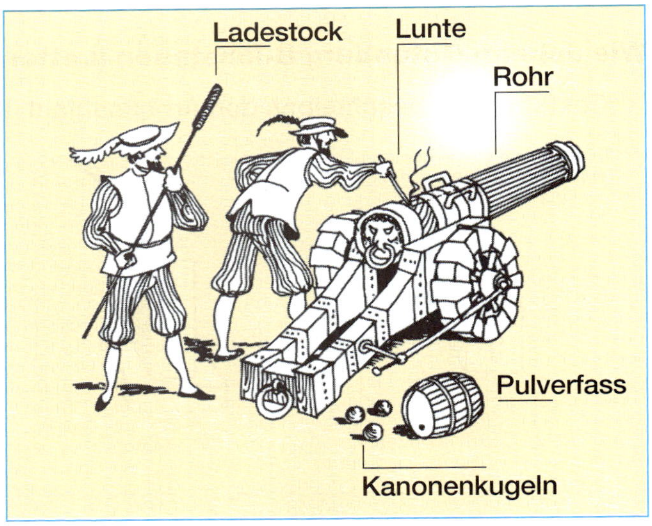

(1) Beschreibe das Geschütz.

(2) Was mussten die Kanoniere alles tun um einen Schuss abzufeuern?
Ordne in die richtige Reihenfolge.

- [ ] Mit der Lunte das Pulver entzünden.
- [ ] Explosion mit gewaltigem Knall.
- [1] Geschütz in Stellung bringen.
- [ ] Geschütz richten.
- [ ] Pulverladung in das Rohr stopfen.
- [ ] Kugel in das Rohr legen.

Die ersten Geschütze hießen Feldschlangen.
Sie wurden von Ochsen gezogen.

Das Ende der Ritterherrlichkeit

Jahrhundertelang waren die Ritter hoch angesehene Krieger und viele ihrer Burgen galten als uneinnehmbar. Als es die Feuerwaffen gab, verloren die Ritter an Bedeutung.

Die Schlacht von Pavia (1525)
(Der spanische Feldherr Pescara besiegt für Karl V. die Franzosen)
„Pescara schickte ungefähr 800 Büchsenmänner zu Hilfe. Diese stellten sich sofort in den Rücken und in die Flanken der französischen Reiter. Sie überschütteten die Franzosen mit einem furchtbaren Kugelhagel und streckten eine ungeheure Zahl von Pferden und Menschen zu Boden. Die Reiter kamen bei dem schnellen Angriff der Büchsenschützen nicht dazu ihren Mut glänzen zu lassen. Auch die tapfersten Reiter konnten nichts ausrichten. Dicht gedrängt wie sie waren, wurden sie von den Schützen hingestreckt, die hochberühmten Herzöge und Ritter von dem gemeinen Fußvolk."

(3) Gründe dafür kannst du im Quellentext finden. Schreibe sie kurz auf.

____
____
____
____
____
____
____
____
____

Feuerbüchse

Das Schießpulver verändert das Kriegswesen

Mit der Erfindung der ______________ ging die ______________ zu Ende. Lanze, ______________ und Rüstung waren ohnmächtig gegen die Feuerwaffen. Auch die ______________ und Festungen verloren ihren Wert. Der Krieg war nun nicht mehr ein Kampf Mann gegen ______________. An die Stelle der Reiter traten die ______________. Sie waren mit langen Lanzen, Feuerbüchsen und ______________ ausgerüstet.

Lückenwörter: Burgen - Feuerwaffen - Kanonen - Landsknechte - Mann - Ritterzeit - Schwert

Das alte und das neue Weltbild

Das alte Weltbild

Wie sich die Menschen um 1450 die Welt vorstellten:

Die Erde ist eine Scheibe. Sie ist der Mittelpunkt der Welt. Darüber dreht sich die Himmelsglocke mit Sonne, Mond und Sternen.

(1) Male in der Karte vom alten Weltbild die Erdscheibe gelb und das Meer blau.

(2) Vergleiche die Erdkarte von 1450 mit der heutigen Weltkarte.

a) Welche Erdteile fehlen auf der Karte von 1450?

b) Warum fehlen sie wohl?

Karte der Erdscheibe um 1450

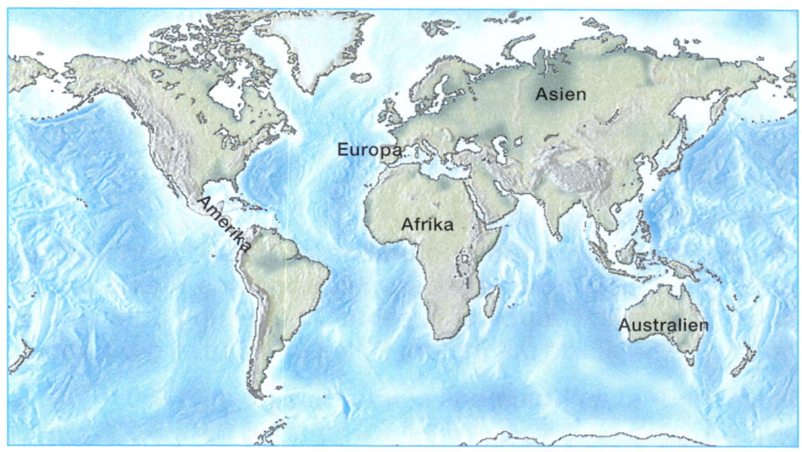

Heutige Weltkarte

Nikolaus Kopernikus verändert das Weltbild

Durch genaue Beobachtung und Berechnung stellte der Gelehrte Kopernikus fest, dass das alte Weltbild so nicht stimmen konnte. Im Jahre 1543 verkündete er ein neues Weltbild, das heute noch gilt.

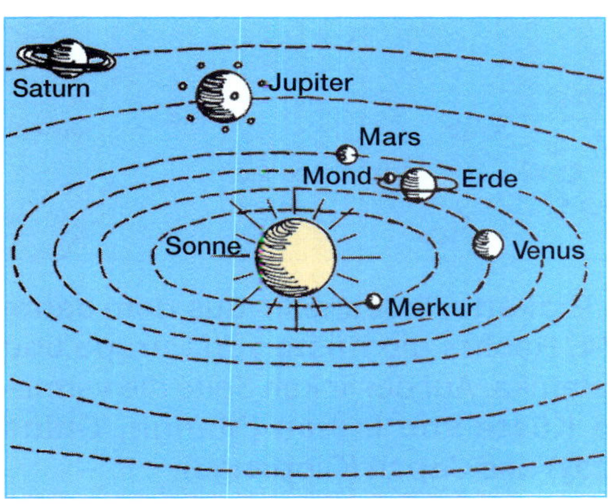

Das neue Weltbild des Kopernikus

(3) Informiere dich im Lexikon über Nikolaus Kopernikus.

(4) Beschreibe mithilfe der Zeichnung links das Weltbild des Kopernikus.

(5) Kreuze an, zu welchem Weltbild die Sätze passen.

	Altes Weltbild	Neues Weltbild
Die Erde ist eine Scheibe.		
Die Erde ist eine Kugel.		
Die Erde ist Mittelpunkt der Welt.		
Alle Himmelskörper drehen sich um die Erde.		
Die Sonne ist Mittelpunkt unseres Planetensystems.		
Die Erde kreist um die Sonne.		

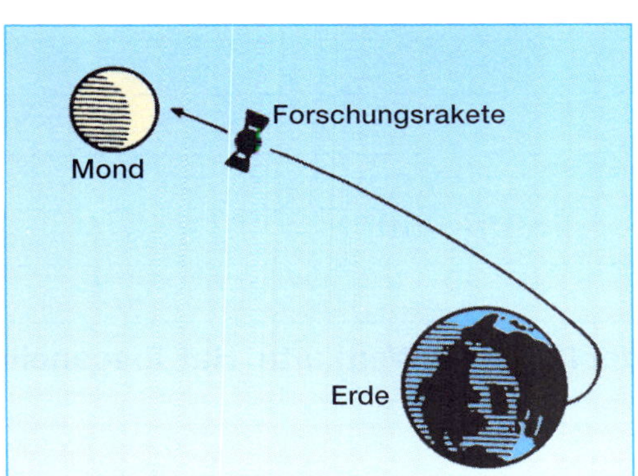

Forschungsrakete nähert sich dem Mond

Die Lehre über das neue Weltbild beflügelte den Entdecker- und Forscherdrang der Menschen. Wagemutige Kapitäne fuhren mit ihren Schiffen immer weiter über die unbekannten Meere um die Erde zu erkunden.

(6) Heute erforschen Wissenschaftler das Weltall. Was weißt du darüber?

Spanier und Portugiesen suchen den Seeweg nach Indien

Seit der Zeit der Kreuzzüge waren Seide, Reis, Baumwolle, Edelsteine, Elfenbein und besonders die Gewürze aus dem Fernen Osten im Abendland sehr begehrt. Die Waren wurden von arabischen Kaufleuten auf dem Landweg nach Kleinasien und von dort mit italienischen Schiffen nach Venedig und Genua gebracht. Als die Türken 1453 Konstantinopel und später ganz Vorderasien eroberten, war dieser Indien-Handel auf dem Landweg unterbunden. Das veranlasste die Portugiesen und Spanier einen Seeweg nach Indien zu suchen und die Araber aus dem gewinnbringenden Orienthandel zu verdrängen. Gleichzeitig sollte der Kampf gegen die Araber, die jahrhundertelang große Teile Spaniens und Portugals besetzt hielten, ein Kreuzzug gegen die „Heiden“ sein und der Ausbreitung des Christentums dienen. Die Lage Spaniens und Portugals am westlichen Rande Europas war die beste Ausgangsstellung um über das Meer in die Wunderländer zu gelangen.

(1) Fasse kurz zusammen, was Spanier und Portugiesen veranlasste den Seeweg nach Indien zu finden und die Araber zu bekämpfen.

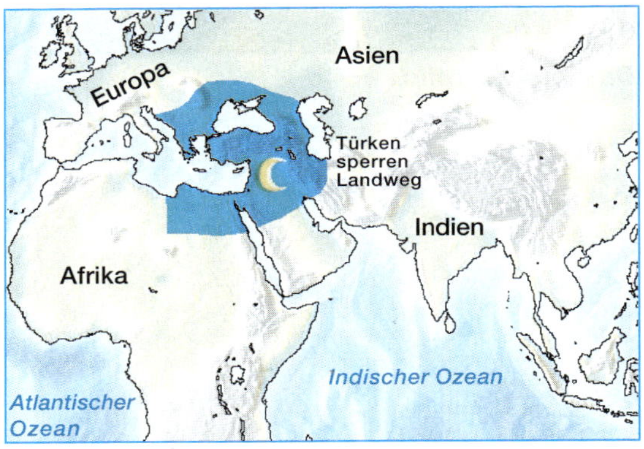

Der Plan des Kolumbus

Der Seefahrer Christoph Kolumbus war fest davon überzeugt, dass die Erde eine Kugel sei. Darum glaubte er auch Indien auf dem Seeweg nach Westen zu erreichen, obwohl es im Osten von Europa liegt. Unterstützt wurde er in seiner Auffassung durch die Forschungen des Gelehrten Toscanelli, der auch eine Seekarte mit Indien, China und Japan gezeichnet hatte.

In einem Brief an Kolumbus schrieb Toscanelli 1480:

„... Ich lobe Eure Absicht nach Westen zu fahren und ich bin überzeugt, wie Ihr auf meiner Karte bereits gesehen habt, dass der Weg, den Ihr nehmen wollt, nicht so schwierig ist, wie man denkt. Im Gegenteil, der Weg nach jenen Gegenden, die ich eingezeichnet habe, ist ganz sicher. Ihr würdet keine Bedenken haben, wenn Ihr, wie ich, mit vielen Personen verkehrt hättet, die in jenen Ländern gewesen sind. Und seid gewiss, mächtige Könige anzutreffen, viele volkreiche wohlhabende Städte und Provinzen zu finden, die an jeder Art von Edelsteinen Überfluss haben. Und es wird die Könige und Fürsten, die in jenen entfernten Ländern herrschen, hoch erfreuen, wenn man ihnen einen Weg bahnt um mit den Christen in Verbindung zu treten und sich von ihnen in der katholischen Religion und in allen Wissenschaften, die wir besitzen, unterrichten zu lassen ...“

(Geschichte in Quellen, Bd. 3: Renaissance, Glaubenskämpfe, Absolutismus; Dickmann, 1976, 2. Aufl., S. 40)

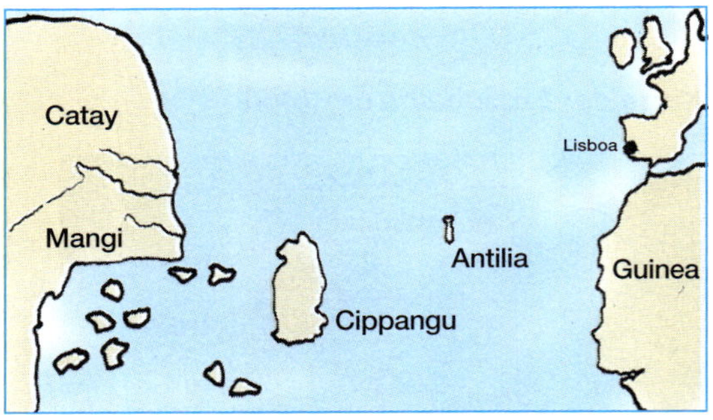

Die Erdkarte Toscanellis aus dem Jahre 1474. Rechts die Küste von Europa und Westafrika. Auf der linken Seite die vermutete Küste von Indien (Mangi), China (Catay) und Japan (Cippangu).

(2) Lies den Quellentext und beantworte folgende Fragen:

1. Was schreibt Toscanelli über den Weg nach Westen?
2. Woher weiß er etwas über die neuen Länder?
3. Was soll, nach Toscanellis Aussage, Kolumbus dort vorfinden?

(3) Beschreibe die Weltkarte von Toscanelli. Vergleiche sie mit der heutigen Weltkarte. Hat Toscanelli richtige Vorstellungen von dem Seeweg nach Westen gehabt?

Kolumbus entdeckt Amerika

Auf der Suche nach Schiffen und Ausrüstung

Kolumbus hatte nicht das Geld dafür eigene Schiffe für die unbekannte Reise nach Westen auszurüsten. Darum ging er zunächst zum portugiesischen König. Der aber hielt Kolumbus' Plan, Indien auf dem Westwege zu finden, für undurchführbar. Daraufhin trug Kolumbus am spanischen Königshof seinen Plan vor. Aber auch hier hielt man zunächst nichts von seinen Ideen. Erst nach 14 Jahre langen Verhandlungen bewilligte das spanische Königspaar Kolumbus 3 kleine Schiffe für die Fahrt über das unbekannte Meer. Zusätzlich erhielt er ein Dokument, das ihm bestimmte Vergünstigungen zubilligte, falls die Reise erfolgreich sein sollte.

Königliche Bewilligung der „Katholischen Könige" Ferdinand und Isabella, 17. April 1492:

Die Vergünstigungen, die Christoph Kolumbus erbeten hat und die Eure Hoheiten ihm geben und bewilligen (wollen) als eine Entschädigung für das, was er in den ozeanischen Gebieten entdecken soll, sind folgende:
Zum Ersten, dass Eure Hoheiten als Herren der erwähnten ozeanischen Meere den genannten Christoph Kolumbus von jetzt an zu ihrem Admiral über all die Inseln und Festländer ernennen, die durch seine Tüchtigkeit entdeckt und gewonnen werden. Außerdem dass Eure Hoheiten den genannten Christoph Kolumbus zu ihrem Vizekönig und Statthalter in allen oben genannten Inseln und Festländern ernennen.
Desgleichen, dass Eure Hoheiten gestatten, dass der genannte Christoph Kolumbus von allen Waren, es seien Perlen, Edelsteine, Gold, Silber, Gewürze und andere Gegenstände und Handelswaren, die in den entdeckten Gebieten gekauft, eingetauscht, erworben oder gewonnen werden, für sich den zehnten Teil behalte. Die anderen neun Teile aber verbleiben Euren Hoheiten.

(Geschichte in Quellen, Bd. 3: Renaissance, Glaubenskämpfe, Absolutismus; Dickmann, 1976, 2. Aufl., S. 44)

1. Welche Vergünstigungen sollte Kolumbus erhalten? (Lies dazu den Quellentext.) ____________________

2. Welche Vorteile erhielt das spanische Königshaus? ____________________

3. Welche Vergünstigungen hättest du an Kolumbus Stelle für die wichtigste gehalten? ____________________

4. Hältst du die Aufteilung des möglichen Gewinns für gerecht? Begründe deine Meinung. ____________________

Schiffe von heute

	Länge	Breite
Küstenmotorschiff Claus	ca. 60 m	10 m
Stückgutfrachter Cap San Marco	160 m	21 m
Tanker Lieselotte Essberger	253 m	38 m

5. Vergleiche die Größe der Schiffe des Christoph Kolumbus mit heutigen Schiffen. ____________________

Die Karavellen des Kolumbus

Auf dem oben stehenden Bild sind die Schiffe gezeichnet, die Kolumbus für seine Reise erhielt.
In der Mitte die „Santa Maria", das größte Schiff. Es war 23 m lang und 7 m breit. Die 3 Schiffe hatten zusammen eine Besatzung von 90 Mann.

Die Fahrt über das unbekannte Meer

Am 3. August 1492 verließ Kolumbus mit 3 kleinen Schiffen (Santa Maria, Pinta und Nina) den spanischen Hafen Palos um Indien auf dem westlichen Seeweg zu finden. Doch schon am dritten Tag der Ausreise brach das Steuerruder eines Schiffes. Fast vier Wochen dauerte die Reparatur in einem Hafen der Kanarischen Inseln. Dann ging es hinaus auf das unbekannte Meer. Kolumbus orientierte sich an der Sonne und an den Sternen, mithilfe des Kompasses und der noch ganz unvollständigen Weltkarte von Toscanelli.

Ständig blies ein kräftiger Ostwind die Schiffe schnell voran. Die Stimmung bei der Mannschaft war gut. Nach Kolumbus' Berechnungen musste man ja bald die Insel Cipangu (Japan) erreicht haben. Doch der August verging, der September verging und der Oktober brach an. Immer noch kein Land in Sicht, nichts als dieses scheinbar endlose Meer ringsum. Getreide, Zwieback und Salzfleisch wurden knapp, das Trinkwasser faulte in den Tonnen. Die Seeleute wurden mutlos und beschwerten sich bei Kolumbus, weil die Fahrt so lange dauerte. Wie sollte man überhaupt wieder gegen diesen Ostwind nach Hause kommen? Kolumbus versuchte die Mannschaft zu beruhigen und machte ihr falsche Angaben über die zurückgelegte Wegstrecke.

Endlich, am 12. Oktober 1492 kam Land in Sicht. Es war eine Insel, die Kolumbus „San Salvador" (d.h. Heiliger Erlöser) nannte.

---

(1) Rechne aus, wie lange die Fahrt dauerte.

____

(2) Unterstreiche die Textstellen rot, die darüber Auskunft geben, wonach Kolumbus sich orientierte.

(3) Kennzeichne die Textstellen blau, die etwas über das Verhalten der Mannschaft sagen.

(4) Warum machte Kolumbus falsche Angaben über die Wegstrecke? ______________________________

____

____

____

Die Landung in der „Neuen Welt"

Kolumbus in der Mitte in Admiralsuniform. Er trägt eine Lanze, das Zeichen königlicher Macht.

Aus Kolumbus Tagebuch:

„Ich begab mich, begleitet von Martin Alonso Pinzon, dem Kapitän der 'Pinta', und dessen Bruder Vicente Yánez, dem Kapitän der 'Nina', an Bord eines mit Waffen versehenen Bootes an Land. Dort entfaltete ich die königliche Flagge ...

Sofort sammelten sich an jener Stelle zahlreiche Eingeborene der Insel an. In der Erkenntnis, dass es sich um Leute handle, die man weit besser durch Liebe als mit dem Schwerte retten und zu unserem heiligen Glauben bekehren könne, gedachte ich sie mir zu Freunden zu machen und schenkte also einigen unter ihnen rote Kappen und Halsketten aus Glas und noch andere Kleinigkeiten von geringem Wert, worüber sie sich ungemein erfreut zeigten. Sie wurden so gute Freunde, dass es eine helle Freude war. Sie erreichten schwimmend unsere Schiffe und brachten Papageien, Knäuel von Baumwolle, lange Wurfspieße und viele andere Dinge noch, die sie mit dem eintauschten, was wir ihnen gaben wie Glasperlen und Glöckchen. Sie gaben und nahmen alles von Herzen gern. Allein, mir schien es, als litten sie Mangel an allen Dingen ... Sie führten keine Waffen mit sich, die ihnen nicht einmal bekannt waren. Ich zeigte ihnen die Schwerter, und da sie sie aus Unkenntnis bei der Schneide anfassten, so schnitten sie sich. Sie besaßen keine Art Eisen ... Sie müssen gewiss treue und kluge Diener sein, da ich die Erfahrung machte, dass sie in Kürze alles, was ich sagte, zu wiederholen verstanden. Überdies glaube ich, dass sie leicht zum Christentum übertreten können ..."

(Aus: Christoph Kolumbus, Bordbuch von 1492. Auszug in: M. Wein (Hrsg.), Ich kam, sah und schrieb. Augenzeugenberichte aus fünf Jahrtausenden. dtv Tb. 187/188, München 1964, S. 161 ff.)

(5) Lies Kolumbus' Aufzeichnungen gut durch und beantworte folgende Fragen.

1. Welche Handlung nahm Kolumbus zuerst an Land vor?

2. Wie verhielten sich die Eingeborenen gegenüber den Spaniern?

3. Vergleiche die Spanier und die Eingeborenen in Bezug auf die Kleidung und die Bewaffnung.

4. Links im Bild lässt Kolumbus ein Kreuz aufstellen. Was soll das wohl bedeuten?

5. Suche Textstellen heraus, die etwas über die Bekehrung zum Christentum sagen.

Nach seiner Rückkehr nach Spanien segelte Kolumbus noch dreimal nach Westen. Aber bis zu seinem Tode wusste er immer noch nicht, dass er einen neuen Erdteil entdeckt hatte.

Bedeutende Entdeckungsreisen von 1500

Neben Kolumbus gingen um 1500 andere wagemutige Seefahrer im Auftrage Spaniens und Portugals auf Entdeckungsreisen. Drei der bedeutendsten Kapitäne dieser Zeit siehst du hier abgebildet. Ihre Reisen sind dir auf Textkärtchen beschrieben.

(1) Klebe zu den Bildern die entsprechenden Texte aus dem Ausschneideblatt 1. Nimm ein Lexikon und eine Karte der Entdeckungsreisen aus dem Geschichtsatlas zu Hilfe.

Christoph Kolumbus

Vasco da Gama

Ferdinand Magellan

(2) Fülle mithilfe der Textkärtchen die nachfolgende Übersicht aus:

Entdeckungsreisen um 1500

Jahr der Entdeckung	entdeckter Seeweg - entdecktes Gebiet	Name des Entdeckers

(3) Welche zuvor aufgestellte Behauptung wurde durch Magellans Fahrt bewiesen? Wodurch?

Erst nachdem Kolumbus gestorben war, fanden andere Entdecker heraus, dass Kolumbus einen neuen Erdteil entdeckt hatte. Er erhielt den Namen „Amerika" nach einem italienischen Forschungsreisenden (Amerigo Vespucci), der die neu entdeckten Länder ausführlich beschrieben hat.

(4) Der neue Erdteil wurde Amerika getauft. Welchen anderen Namen hätte der neue Erdteil deiner Meinung nach auch tragen können?

(5) Ein Staat in Südamerika ist heute nach Kolumbus benannt:

Cortez erobert und vernichtet das Reich der Azteken

Die Kunde von den neuen Ländern mit ihrem sagenhaften Reichtum hatte sich schnell in Europa verbreitet. Viele Abenteurer zogen deshalb aus um diese Länder zu erobern und schnell reich zu werden. Einer dieser Abenteurer war der Spanier Hernando Cortez.

Cortez landet in der „Neuen Welt“

Cortez landete im Jahre 1519 mit 600 Soldaten und Matrosen, 16 Pferden, 14 Kanonen, 13 Musketen und einigen Hunden an der mittelamerikanischen Küste. Hier hörte er von einer sagenhaft reichen Stadt, die auf einer Hochebene liegen sollte. Sie hieß Tenochtitlan (heute: Mexiko-City), die Hauptstadt der Azteken.

(1) Suche im Atlas Mexiko-City. Beschreibe wo die Stadt liegt. ______________________

____

____

____

Mittelamerika

Im Reich der Azteken

Die Azteken beherrschten in Mexiko fast 400 andere Indianerstämme. An der Spitze des Reiches stand um 1520 der Kaiser Montezuma. Seine Beamten trieben von allen Untergebenen Abgaben ein. Ihre Handwerker fertigten Schmuck aus Gold und Silber, Geräte aus Ton und Kupfer, Kleidung aus Baumwolle und Vogelfedern. Eisen kannten sie nicht. Auf ihren Feldern bauten sie Mais, Bohnen, Tomaten, Kakao, Baumwolle und viele andere Früchte an.

Sie hatten Schulen und Kenntnisse in der Sternkunde. Die Hauptstadt lag auf einer Insel inmitten eines Sees und hatte 300 000 Einwohner. In der Stadt gab es prächtige Paläste und Tempel aus Stein, Marktplätze, Gasthäuser, Apotheken, Wasserleitungen, Gärten mit Blumen und viele andere Einrichtungen. Ihren Göttern brachten die Azteken auch Menschenopfer dar. So war niemand seines Lebens sicher, der in ihre Hände fiel.

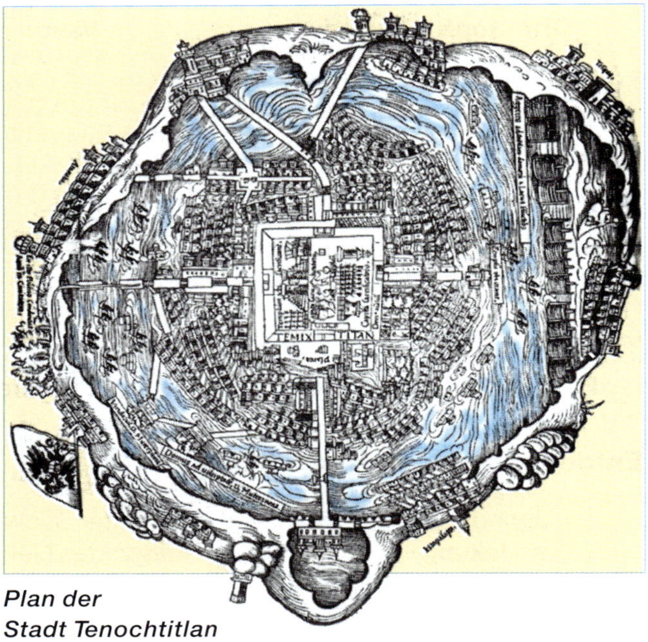

Plan der Stadt Tenochtitlan

(2) Lies den Text genau durch und kreuze jeweils die richtige Antwort an. (Pass gut auf, denn einmal sind beide Antworten richtig.)

(3) Beschreibe den Plan der Hauptstadt Tenochtitlan.

1. Die Azteken lebten	☐ im Hochland von Mexiko	☐ in Peru
2. Sie beherrschten	☐ nur wenige Indianerstämme	☐ 400 Indianerstämme
3. Das Reich regierte	☐ ein Priester	☐ ein Kaiser
4. Tempel und Paläste waren	☐ aus Stein	☐ aus Holz
5. Handwerker stellten her	☐ Schmuck aus Gold und Silber	☐ Geräte aus Ton und Kupfer
6. Die Azteken betrieben	☐ ertragreichen Ackerbau	☐ keinen Ackerbau
7. Die Hauptstadt lag	☐ auf einer Insel im See	☐ auf einem Berg
8. Ihren Göttern opferten sie	☐ nur Tiere	☐ auch Menschen

Cortez erobert und vernichtet das Reich der Azteken

Als Montezuma, der Herrscher über die Azteken, von der Landung der Fremden hörte, erschrak er sehr. Nach einer alten Sage sollte der einst ausgewanderte Lichtgott zurückkehren um den Thron im Reiche wieder einzunehmen. Weiße würden seine Heimkehr ankündigen. Was sollte Montezuma tun? Schließlich schickte er Gesandte mit reichen Geschenken zu Cortez und ließ ihn höflich bitten, die Fremden möchten das Land verlassen. Zu den Geschenken gehörten Waffen, verzierte Rüstungen, Schmuck, Stoffe, Kleidungsstücke aus Vogelfedern und zwei riesig große Scheiben aus Gold.

(1) Wofür hielt Montezuma die Fremden?

(2) Wie reagierte Cortez wohl auf die Bitte Montezumas das Land wieder zu verlassen?

(3) Welche Geschenke reizten Cortez nur noch mehr, in das Land einzudringen?

(4) War es richtig, dass Montezuma Cortez Geschenke schickte? Wie hättest du dich an seiner Stelle verhalten?

Als die Gesandten zurückkehrten, berichteten sie Montezuma über die Fremden (Quellentext).

(5) Welche Wirkung hatte der Bericht auf Montezuma?

Tempelpyramide mit Menschenopfer

„Ihre Kriegstracht und ihre Waffen sind ganz aus Eisen. Sie kleiden sich ganz in Eisen, mit Eisen bedecken sie ihren Kopf, aus Eisen sind ihre Schwerter, ihre Bögen, ihre Lanzen.

Sie werden von Hirschen auf dem Rücken getragen. Herr, auf diesen Hirschen sind sie so hoch wie Dächer. Ihre Körper sind ganz verborgen, nur ihre Gesichter sind nicht bedeckt. Ihre Haut ist weiß, wie aus Kalk gemacht ... Ihre Speise ist menschlich wie die von Fürsten ... Ihre Hunde sind große Ungeheuer mit flachen Ohren und langen hängenden Zungen."

(Aus dem Codex Florentino, 16. Jh., in: Rückkehr der Götter, dtv 285, München, S. 29, 32)

Angriff der Spanier auf die Hauptstadt Tenochtitlan

Als Cortez in die Hauptstadt Tenochtitlan einzog, wurde er gastfreundlich empfangen und mit Geschenken überhäuft. Als aber die Spanier Montezuma gefangen nahmen und 600 vornehme Azteken bei einem ihrer Gottesdienste töteten, kam es zum Aufstand. Cortez konnte sich mit wenigen Soldaten retten. Nach Monaten kehrte er mit Verstärkung zurück. Mit 10 000 verbündeten Indianern eroberte er die Hauptstadt Tenochtitlan und tötete 200 000 Einwohner. Unendliche Schätze fielen in seine Hände. Danach wurde das Aztekenreich eine spanische Kolonie und Cortez ihr erster Statthalter.

(6) Warum waren anfangs die Azteken den Spaniern gegenüber so freundlich?

(7) Wodurch änderte sich ihre Einstellung?

(8) Wie konnte es den Spaniern gelingen mit solch einer kleinen Truppe die riesige Streitmacht der Azteken zu besiegen? (Betrachte dazu das Bild. Denke an die Waffen.)

(9) Hier sind die zeitlichen Ereignisse von Cortez Eroberungsfeldzug durcheinander geraten. Ordne sie in die richtige Reihenfolge. Trage Ziffern von 1-7 ein.

- ☐ 1519 landet Cortez mit einer kleinen Truppe an der mittelamerikanischen Küste.
- ☐ Er schickt ihnen Geschenke und bittet sie das Land zu verlassen.
- ☐ Cortez zieht in Tenochtitlan ein und wird freundlich empfangen.
- ☐ Hier erzählt man ihm von der sagenhaft reichen Stadt Tenochtitlan.
- ☐ Cortez flieht aus der Stadt, kehrt zurück, zerstört und erobert Tenochtitlan.
- ☐ Montezuma hört von der Landung der Fremden und hält sie für Boten eines weißen Gottes.
- ☐ Als die Spanier 600 vornehme Azteken töten, kommt es zum Aufstand.

Europäer gründen Kolonien

Die Eroberung und Vernichtung des Aztekenreiches durch Cortez (1519) war nur der Anfang einer Reihe von europäischen Eroberungszügen. 1532 eroberte der Spanier Pizarro das Inkareich in Peru und ging dabei genauso grausam vor, wie Cortez bei der Eroberung des Aztekenreiches.

1 Stelle auf der Karte von Seite 15 fest, wo das Inkareich lag und schreibe es auf.

2 Informiere dich im Lexikon über das Inkareich und den Eroberungszug Pizzaros.

In den folgenden Jahrhunderten brachten die Europäer große Teile der Erde in ihren Besitz. Die eroberten Gebiete wurden Kolonien genannt. Sie wurden von Europäern regiert und von ihnen ausgebeutet (vgl. dazu S. 14/15). Die ersten Kolonialmächte des Entdeckungszeitalters waren Spanien und Portugal. Ihre im 15./16. Jahrhundert eroberten Gebiete findest du in der Karte.

Spanische und portugiesische Entdeckungen und Eroberungen im 15./16. Jahrhundert

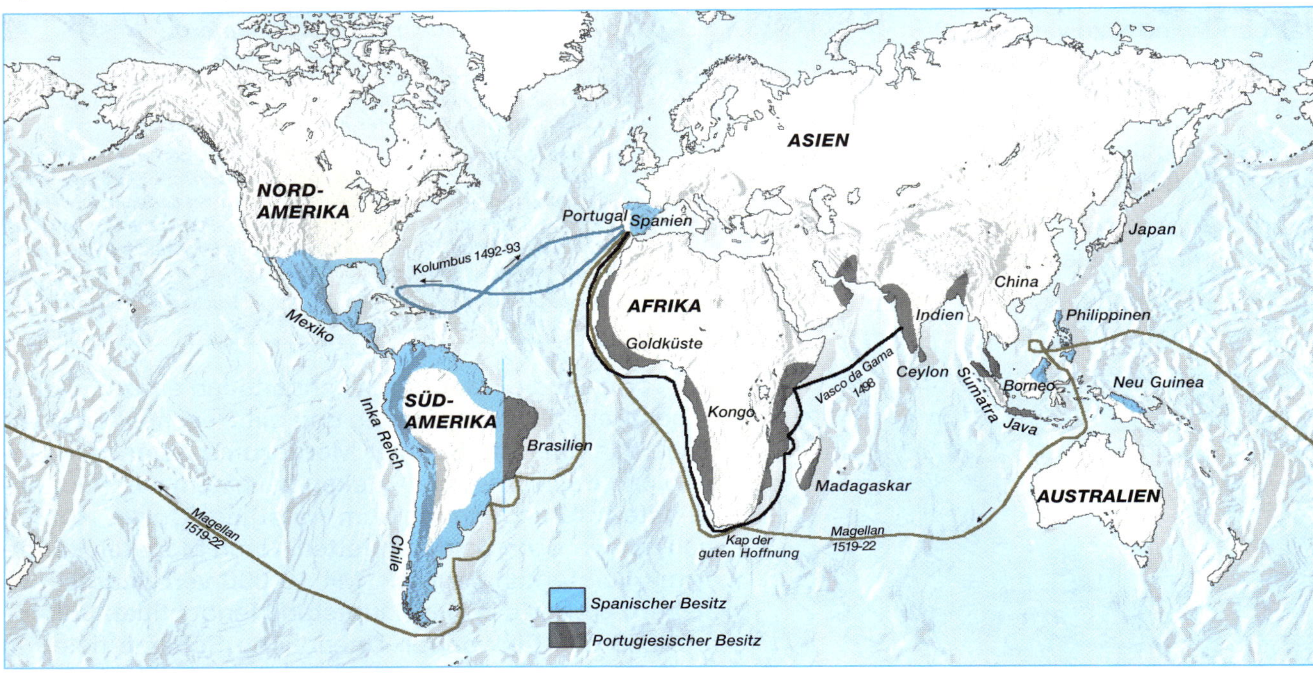

3 Verfolge noch einmal die Entdeckungsfahrten in der Karte. Ziehe sie farbig nach.

4 Ergänze mithilfe der Karte die nachfolgende Übersicht.

Staat	Eroberte Gebiete (Kolonien) im 15./16. Jahrhundert

In der Folgezeit beteiligten sich auch andere europäische Staaten an der Eroberung neuer Länder und gründeten große Kolonialreiche.

5 Stelle sie im Atlas (oder Geschichtsatlas) fest. Schreibe auch ihre Kolonien auf.

6 Infolge der Ausbreitung der Europäer über die ganze Erde gibt es heute außerhalb Europas Staaten, in denen vorwiegend Weiße leben. Kennst du einige? Frage sonst deinen Lehrer.

Der Überseehandel mit den Kolonien

Ziel der Entdeckungen war es Gold, Seide und Gewürze aus dem fernen „Indien“ zu holen. Weit wichtiger als der Gewürzhandel wurde in den folgenden Jahrhunderten der Warenaustausch mit der „Neuen Welt“, mit Amerika.

(1) Zwischen beiden Erdteilen wurden Güter ausgetauscht, die man bisher dort noch nicht kannte. Bilder dazu sind auf dem Ausschneidebogen. Klebe sie richtig ein. Benutze dazu den Geschichtsatlas bzw. ein Lexikon.

Der Warenaustausch zwischen Spanien und der „Neuen Welt“

Jährlich fuhren ca. 50-100 Schiffe zwischen Spanien und der „Neuen Welt“ hin und her. Sie brachten nach Amerika Waffen, Geräte, Saatgut, Glas, Papier, Haushaltsgegenstände und alle anderen Fertigwaren, die die Siedler brauchten.

Die Kolonien lieferten dafür Güter wie Zuckerrohr, Tabak, Kakao und Baumwolle, die auf großen Plantagen angebaut wurden. Den größten Gewinn aber brachte das Silber, das von Sklaven in Bergwerken im heutigen Bolivien gefördert wurde.

(2) Fülle mithilfe der Angaben die folgende Übersicht aus.

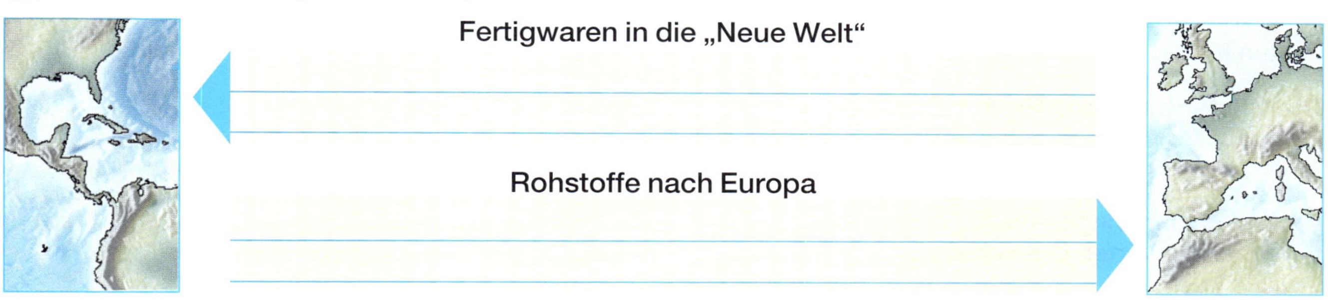

(3) Heute gibt es auf dem Wochenmarkt und in den verschiedenen Geschäften vielerlei Waren aus den überseeischen Ländern, die früher einmal Kolonien waren.
Erkundige dich danach und stelle solche Waren auf einem Zusatzblatt zusammen.
Ordne dabei in Gruppen: z.B. a) Früchte b) Nahrungs- und Genussmittel c) Gewürze d) Rohstoffe

(4) Trage in das Rätselfeld Güter mit der angegebenen Bedeutung ein.
Die richtige Lösung ergibt den heutigen Namen für die „Neue Welt“.

1. Nahrungsmittel, fehlt in keinem Haushalt
2. Aus dieser Pflanze wird Stoff gemacht
3. Diese Tiere waren in der „Neuen Welt“ unbekannt
4. Macht Speisen schmackhaft, aus „Indien“
5. Wertvolles Metall, für Münzen gebraucht
6. Daraus macht man ein Getränk
7. Das rauchten die Indianer

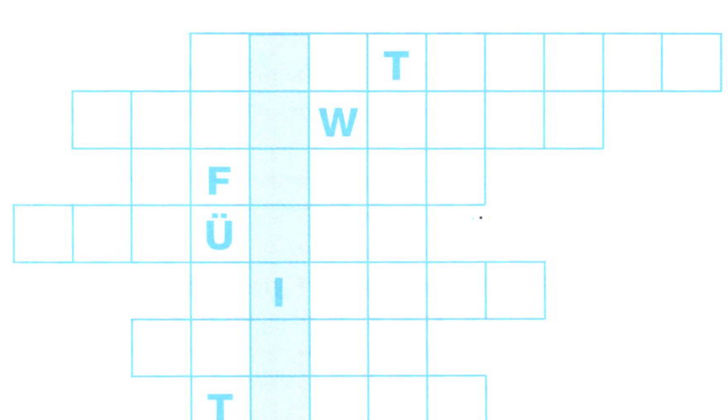

Die Handels- und Wirtschaftspolitik der Spanier in den Kolonien

Seit der Entdeckung und Eroberung der neuen Länder wurde ihre wirtschaftliche Entwicklung für mehr als 300 Jahre von den europäischen Kolonialmächten bestimmt.
Welche Wirtschafts- und Handelspolitik z.B. die Spanier in ihren Kolonien in Mittel- und Südamerika betrieben, sollst du in den folgenden Arbeitsaufgaben erfahren.

Die Handels- und Wirtschaftspolitik der Spanier

Das Hauptziel der spanischen Wirtschaftspolitik in Amerika war es möglichst hohe Einnahmen für den spanischen Staat zu erzielen und der Wirtschaft im spanischen Mutterland Vorteile zu verschaffen. Darum erklärte die spanische Regierung den Abbau von Silber und anderen Metallen und die Gewinnung von Rohstoffen wie z.B. Brasilholz zum staatlichen Monopol.
Reiche spanische Privatpersonen konnten von der Regierung gegen Zahlung hoher Geldsummen das Recht erkaufen Erze zu fördern und Rohstoffe und Plantagengüter zu gewinnen.
Ebenso wurde der Handel mit diesen Gütern nur einigen reichen spanischen Kaufleuten überlassen, die dem Staat hohe Steuern dafür zahlen mussten.
In der Landwirtschaft beteiligte sich der Staat am Aufbau großer Plantagen, auf denen Tabak, Zuckerrohr und später auch Baumwolle erzeugt wurden.
Obwohl das Land nur mit staatlicher Genehmigung erworben werden sollte, kauften sich viele weiße Einwanderer große Güter zusammen. Den Indianern blieben nur die unfruchtbaren Ländereien übrig, auf denen sie noch nicht einmal genug Nahrungsmittel für ihr eigenes Leben erzeugen konnten. Viele Indianer mussten in den Bergwerken und auf den Plantagen für die weißen Herren arbeiten.
Um das Land besser verwalten zu können, ließ die spanische Regierung neue Städte anlegen. Darin lebten die spanischen Staatsbediensteten, die von den Indianern der Umgebung Abgaben und Steuern einzogen. Die ehemaligen Dörfer und Städte der Indianer verfielen.
Die indianischen Handwerker durften nur die notwendigsten Dinge herstellen. Es sollten nur Fertigwaren verkauft werden, die aus dem spanischen Mutterland eingeführt wurden.

(1) Unterstreiche die Textstellen „rot“, die Auskunft über die Ziele der spanischen Wirtschaftspolitik geben.

(2) Mit welchen Maßnahmen wollten die Spanier diese Ziele erreichen? (Unterstreiche „blau“.)

(3) Welche Folgen hatte die spanische Wirtschaftspolitik für die Indianer? (Kennzeichne „grün“.)

(4) Verbinde die Kästchen, die zusammengehören. Links ist die Politik gekennzeichnet, rechts stehen die Folgen für die Indianer.

Die Wirtschaftspolitik der Spanier:

- Die Kolonien sollten Spanien möglichst viel Geld einbringen und der spanischen Wirtschaft Vorteile verschaffen. ○
- Nur der spanische Staat durfte Rohstoffe gewinnen, alle wichtigen Güter erzeugen und mit ihnen Handel treiben. Reiche Spanier kauften diese Rechte dem Staat gegen Zahlung hoher Geldsummen ab. ○
- In der Landwirtschaft gründeten die Spanier auf dem besten Land große Plantagen. Hier wurden Tabak, Zuckerrohr und später Baumwolle für die Europäer angebaut. ○
- Alle Fertigwaren wurden aus Spanien eingeführt um dem spanischen Handwerk zu nützen. ○

Die Folgen für die Indianer:

- ○ Den Indianern blieben nur die unfruchtbarsten Ländereien übrig. Darauf erzeugten sie nicht einmal genug Nahrungsmittel für ihr eigenes Leben.
- ○ Die Indianer in den Kolonien wurden ausgebeutet, ihre Gold- und Silberschätze geraubt, ihre Kultur zerstört.
- ○ Das Handwerk der Indianer und das einst blühende Kunstgewerbe verfielen. Kaum einer lernte es noch, weil man nicht herstellen und verkaufen durfte, was man wollte.
- ○ Die Indianer konnten keine Plantagenbesitzer oder selbstständige Händler werden. Sie waren gezwungen für die Spanier zu arbeiten.

Das Schicksal der Indios

Zum Dank dafür, dass sie für das spanische Königshaus große Gebiete erobert hatten, erhielten die Eroberer und ihre Soldaten große Ländereien in den Kolonien zugesprochen. Sie wurden Großgrundbesitzer. Sie fühlten sich den Indianern gegenüber als die überlegenen Herren und ließen sie als Sklaven für sich arbeiten.
Wie die neuen spanischen Herren die Indianer behandelten, erfahren wir aus einem Bericht des Mönchs Bartholomeo de Las Casas (1474—1556), der einige Zeit Bischof in Mexiko war.

Bericht des Bartholomeo de Las Casas (1542):
(gekürzt und vereinfacht)

Der Gouverneur auf Espanola (Haiti) übergab jedem Spanier 50 oder 100 Indianer ... darunter Kinder, Frauen und Greise, Hohe und Niedere.
Er ließ es zu Unrecht geschehen, dass die Spanier die verheirateten Männer zum Goldgraben fortschleppten. Die Frauen blieben in den Häusern und Familien zurück um die Feldarbeit zu verrichten.
Die spanischen Aufseher behandelten die Indianer unmenschlich und gaben ihnen Stock- und Rutenhiebe, Ohrfeigen, Peitschenschläge, Fußtritte und nannten sie nie anders als Hunde. So starben viele Männer in den Goldgruben und die Frauen auf den Farmen vor Erschöpfung und die neugeborenen Kinder, weil sie keine Muttermilch bekamen. Darum war es kein Wunder, dass sich die große, reich bevölkerte Insel rasch entvölkerte.

(1) Lies den Quellentext und beantworte die Fragen.

1. Von welchem Gebiet berichtet Las Casas? ______
2. Wie viele Indianer erhielt jeder Spanier vom Gouverneur? ______
3. Welche Arbeiten hatten die Indianer zu verrichten? ______
4. Wie behandelten die Spanier die Indianer? ______
5. Was war die Folge der unmenschlichen Behandlung? ______

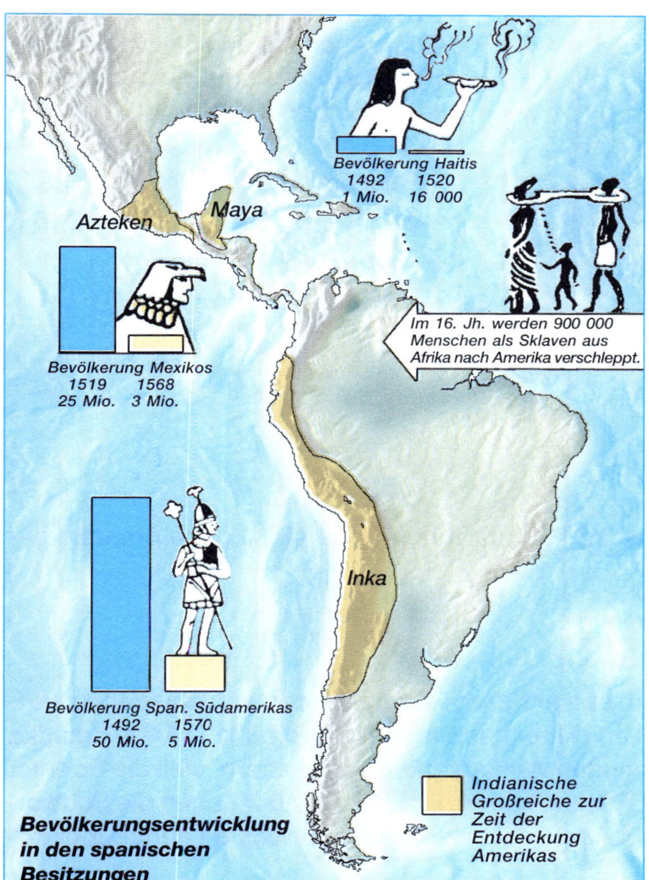

Las Casas fuhr mehrmals zum spanischen König um sich für die Indianer einzusetzen. Auf sein Drängen erließ Karl V. 1542 ein Gesetz zum Schutze der Indianer. Nach diesem Gesetz durfte kein Indianer zum Sklaven gemacht werden. Aber in Wirklichkeit blieb alles wie es war.
Durch die unmenschliche Behandlung und die aus Europa eingeschleppten Krankheiten (z.B. Pocken, Pest) starben Millionen Indios.

(2) Stelle mithilfe der Angaben in der Karte die Bevölkerungsentwicklung in den spanischen Besitzungen in Mittel- und Südamerika zusammen.

Bevölkerung Haitis:

1492	1520	Bevölkerungsverlust

Bevölkerung Mexikos:

1519	1568	Bevölkerungsverlust

Bevölkerung Spanisch Südamerika:

1492	1570	Bevölkerungsverlust

Negersklaven nach Amerika

In den spanischen Kolonien in Amerika gab es nicht mehr genügend Arbeitskräfte. Das Indianer-Schutzgesetz verbot auch Indianer wie Sklaven zu behandeln. Wer sollte die harte Arbeit auf den Plantagen und in den Bergwerken tun? Da kamen die europäischen Eroberer auf den Gedanken Neger aus Afrika als Sklaven nach Amerika zu holen.

Afrikanische Sklavenhändler trieben die Neger im Inneren Afrikas zusammen und verkauften sie in den westafrikanischen Küstenstädten an europäische Händler. Die brachten die Sklaven, auf Schiffen eng zusammengepfercht, nach Amerika und verkauften sie auf Sklavenmärkten. Wegen Hunger und Krankheit starb oft jeder zweite schon auf der Überfahrt.

Sklaventransport in Afrika

1. Deute das Bild vom Sklaventransport in Afrika.
2. Wodurch kam es in Amerika zu der unmenschlichen Versklavung und Ausbeutung der Neger?

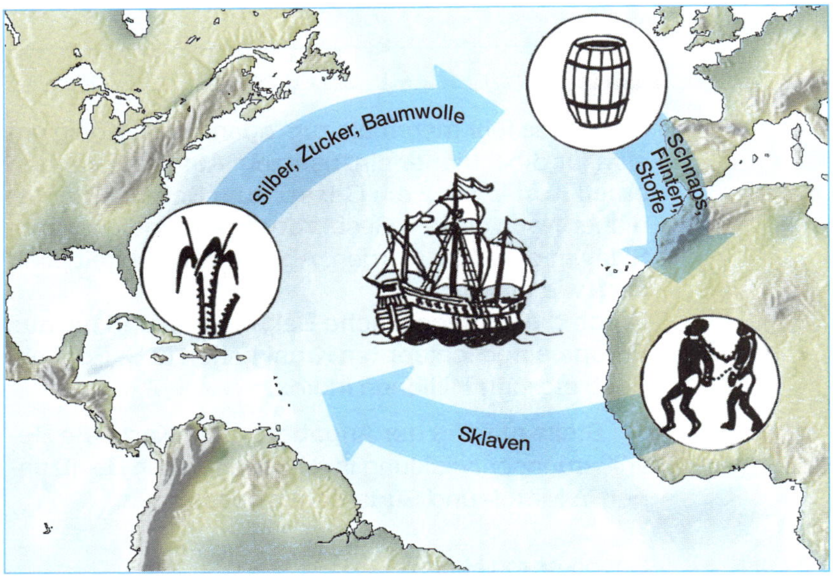

Dreieckshandel

Dreieckshandel:
Sklaven - Zucker - Rum

Für die europäischen Sklavenhändler entwickelte sich ein überaus lohnendes Geschäft mit den Sklaven. Wie es vor sich ging, kannst du aus der nebenstehenden Zeichnung herauslesen.

3. Beschreibe den Dreieckshandel.
4. Wie beurteilst du das Verhalten der Europäer?

5. Sieh in der Karte auf Seite 15 nach, wie viele Sklaven im 16. Jahrhundert aus Afrika nach Amerika gebracht wurden.

Der Sklavenhandel wurde über 300 Jahre lang betrieben, ehe er durch Gesetze in den verschiedenen Ländern verboten wurde. In dieser Zeit wurden ca. 20 Millionen Neger nach Amerika gebracht. In Mittelamerika und Südamerika vermischten sich die Neger teilweise mit den Weißen und den Indianern, weil die Spanier und Portugiesen nicht so große Vorurteile gegen andere Rassen hatten. In den USA aber haben die Schwarzen laut Gesetz zwar dieselben Rechte wie die Weißen, in Wirklichkeit sind sie den Weißen gegenüber immer noch im Nachteil.

Die Folgen der Entdeckungen für Europa

Die Silberschwemme

Nach der Entdeckung der Silberminen in Mexiko und Peru ergoss sich ein schier unerschöpflicher Geldstrom über Europa. Die spanischen Silberflotten brachten in wenigen Jahrzehnten mehr Silber nach Europa als in den 2000 Jahren zuvor auf der ganzen Erde gefördert wurde.
Von 1540-1600 waren es insgesamt rd. 710 000 kg Silber.

(1) Wie viel wäre das nach heutigem Geld? 1 kg Silber kostet heute ca. 179 €.

Die Geldwirtschaft verdrängt die Naturalwirtschaft

Die großen Silbermengen wurden meist zu Münzen verarbeitet. Das trug dazu bei, dass im 16. Jahrhundert in Europa die Geldwirtschaft die Naturalwirtschaft ablöste.

(2) Beschreibe „Naturalwirtschaft" und „Geldwirtschaft". Welche Vorteile hat die Geldwirtschaft?

Naturalwirtschaft

Geldwirtschaft

Inflation in Europa

Durch die großen Mengen Silber aus den spanischen Kolonien wurden viele Leute in Europa reich. Zum ersten Mal in ihrem Leben hatten sie mehr bares Geld als sie brauchten.
Aber schon bald merkten sie, dass sie für ihr Geld immer weniger kaufen konnten. Die Preise stiegen unaufhaltsam und das Geld wurde immer weniger wert. (In Deutschland hatte das Geld am Ende des 16. Jahrhunderts nur noch ein Sechstel seines früheren Wertes). Wie konnte es dazu kommen?
Nun, damals wurden alle Waren mit der Hand oder mit einfachen Maschinen hergestellt. Das dauerte seine Zeit. Man konnte nicht von heute auf morgen viel mehr Waren herstellen, aber die Geldmenge war innerhalb kurzer Zeit riesig angewachsen. Weil jetzt viele Menschen mehr Geld als früher hatten, die Waren aber nicht in genügender Menge vorhanden waren, stiegen die Preise. Solch eine Entwicklung nennt man Inflation. Viele Menschen wurden durch die Geldwirtschaft ärmer als zuvor. Darum wurden sie unzufrieden und in den Städten kam es zu Lohnkämpfen zwischen Arbeitern und Unternehmern und den reichen, viel Geld besitzenden Kapitalisten.

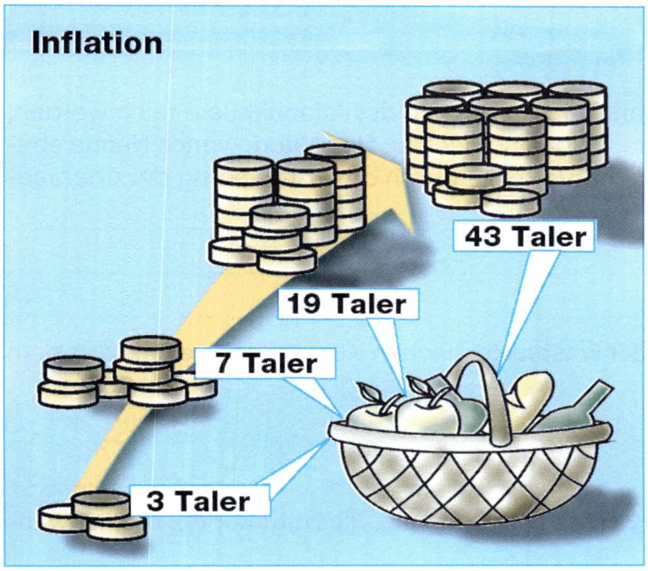

(3) Prüfe den Text und erkläre, wie es um 1600 in Europa zu einer Inflation kam (Inflation, lat. Geldentwertung). Die nebenstehende Zeichnung hilft dir bei der Erklärung.

Die Folgen der Entdeckungen für Europa

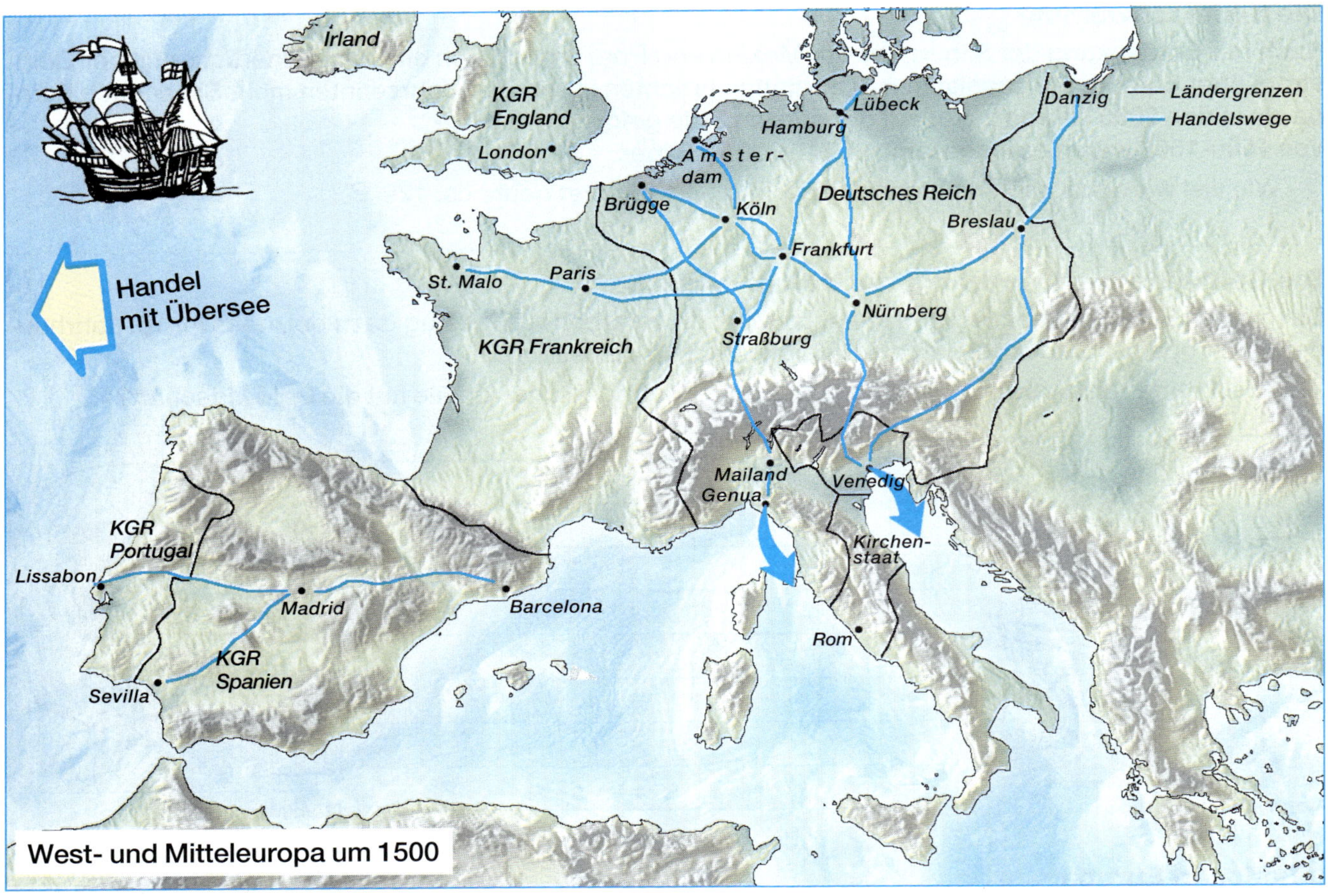

West- und Mitteleuropa um 1500

(1) Eine Folge der Entdeckungen war, dass sich der ehemalige Handel und die Handelswege in Europa verlagerten. Löse dazu folgende Aufgaben.

1. Infolge der Entdeckungsreisen ihrer wagemutigen Seefahrer und der Eroberung vieler Länder in Übersee traten Anfang des 16. Jahrhunderts zwei europäische Staaten an die erste Stelle der seefahrenden Staaten:

a) ______________________________

b) ______________________________

2. Nach den Entdeckungen neuer Länder und Erdteile gründeten auch die an der Atlantikküste liegenden Staaten England, Frankreich und Holland große Kolonialreiche in Übersee. Begründe, warum gerade diese Länder nach Übersee fuhren. (Denke an ihre Lage.)

____

____

____

3. Die neuen Handelswege über den Atlantischen Ozean ließen Städte an der Atlantikküste reich werden, während der Handel im Mittelmeerraum und in der Ostsee nach und nach an Bedeutung verlor. Nenne ehemals reiche Handelsstädte an der Ostsee- und Mittelmeerküste, die durch die Entdeckung der überseeischen Länder an Bedeutung verloren: ______________________________

____

____

4. Auch heute liegen die großen Seehäfen Europas an der westeuropäischen Küste. Suche einige aus dem Atlas heraus und stelle sie hier zusammen.

____

____

Über welche Folgen kannst du noch berichten? (Denke z.B. an die Geografie, die Naturkunde, die Auswanderung.)

Das Handelshaus der Fugger

Um 1500 lebte in Augsburg Jakob Fugger mit seiner Familie. Er hatte das größte Handelshaus Europas, besaß Bergwerke und eine Bank und war der wohl reichste Mann Europas.
Kaiser und Fürsten liehen Geld von ihm und standen hoch in seiner Schuld. Wie war Jakob Fugger zu diesem Reichtum gekommen?

Der Aufstieg der Fugger

Die Fugger wohnten seit 1367 in Augsburg. Sie waren **Weber** und durch ihren Fleiß zu Wohlstand gekommen.
Weil der Handel mit Stoffen (Tuchen) mehr Gewinn versprach, wurden sie **Tuchhändler**. Sie kauften das Garn auf, ließen sich von den ärmeren Webern Stoffe daraus herstellen und verkauften sie mit großem Gewinn. Über 3000 Weber arbeiteten für die Fugger in Heimarbeit.
Nach und nach erweiterten die Fugger den Tuchhandel und verkauften auch Gold, Silber, Edelsteine, Perlen und Gewürze. In vielen europäischen Städten gründeten sie eigene Niederlassungen und boten als **Großhändler** ihre Waren an.
Jakob Fugger erwarb die wichtigsten Silber- und Kupferbergwerke in Tirol und in der Steiermark. So wurden die Fugger auch **Bergbaubesitzer** und immer reicher.
Das gewonnene Silber und große Geldsummen verliehen die Fugger gegen hohe Zinsen an Kaiser, Fürsten und Päpste. Jakob Fugger besaß um 1500 auch die größte **Bank** Europas und sein Geld (Kapital) machte ihn zu einem der einflussreichsten Männer dieser Zeit.

Jakob Fugger mit seinem Hauptbuchhalter im Augsburger Kontor. An der Wand die Namen einiger Niederlassungen (Buchmalerei 1518).

(1) Lies den Text gut durch und schreibe in Stichworten auf, wie die Fugger zu ihrem großen Reichtum kamen.

(2) Als Kaiser Karl V. eine große geliehene Geldsumme nicht pünktlich an Jakob Fugger zurückzahlen konnte, ließ Jakob Fugger sich dafür das Recht geben als einziger Silber und Kupfer abzubauen und damit zu handeln. Er besaß ein Monopol. Erkläre, welche Vorteile sich für Fugger aus diesem Monopol ergaben.

(3) In welchen Ländern liegen die Niederlassungen? (Ofen = Budapest; Craca = Krakau; Antorff = Antwerpen).

(4) Reiche Leute wie die Fugger bezeichnet man als „Kapitalisten". Was meint man damit? (Schlage im Lexikon nach.)

Die Fuggerei

Mit ihrem Geld halfen die Fugger auch den Armen. So stiftete Jakob Fugger 1519 eine Armensiedlung in Augsburg, die heute noch besteht (147 Wohnungen). 1 Wohnung von 60 qm kostet bis heute nur den Gegenwert eines rheinischen Guldens, 0,86 € jährlich.

Lateinamerika

Politische und wirtschaftliche Entwicklung

Nach dem Ende der Kolonialherrschaft in Südamerika war die erste Hälfte des 19. Jahrhunderts mit Bürgerkriegen und Aufständen erfüllt. Bei Putschen wurden häufig als Diktatoren regierende politische Führer mit militärischem Einsatz ausgewechselt. Dieser Wechsel brachte kaum Hilfe für die arme Landbevölkerung. Eine Verbesserung der innenpolitischen Lage bahnte sich endlich an, als die Länder damit begannen, die im Bergbau und in der Landwirtschaft gewonnenen Rohstoffe zu verkaufen.

Die europäischen Länder finanzierten diese wirtschaftliche Entwicklung. Aber sie dominierten über die Wirtschaft, wobei die Großmacht Großbritannien die Vorherrschaft inne hatte. Von grundlegender Bedeutung für die Entwicklung Lateinamerikas wurde der Bau der Eisenbahnstrecken.

Als Exportgüter mit Absatzchancen auf dem Weltmarkt wurden ausgeführt: z.B. von Argentinien Weizen. von Brasilien Kaffee, von Chile Salpeter und Kupfer, von Mexiko Silber.

Nach dem ersten Weltkrieg verstärkten die USA ihre Investitionen und nahmen auch in Lateinamerika Einfluss auf die Innen- und Außenpolitik. Gegen Ende des 19. Jahrhunderts waren fast alle Diktaturen durch demokratisch gewählte Regierungen abgelöst.

Die Karte zeigt die Staaten Lateinamerikas, die sich nach langen Zeiten der Revolution und Wirren gebildet hatten.

Die soziale Lage

Auf dem Weg zu einer in etwa sozial und politisch ausgeglichenen Selbstständigkeit haben nahezu alle Staaten mit unüberbrückbaren Problemen zu kämpfen. Zwei Beispiele verdeutlichen die gegenwärtige Lage:

Peru

Die Bevölkerung Perus ist von 1940 bis zum Jahr 2000 von 6 auf 25 Millionen gestiegen. Etwa die Hälfte der Bewohner sind Indios, die Nachfahren der Inkas und anderer Stämme. Viele Indios besitzen sehr wenig Land, können aber von der Landwirtschaft leben. Hundertausende von Indiofamilien besitzen jedoch kein Land und arbeiten in den Bergwerken oder auf den Haciendas (landwirtschaftlichen Großbetrieben).

1969 führte der Staat eine Landreform durch. Die Großgrundbesitzer wurden enteignet. Aber die Großbetriebe wurden nicht aufgeteilt, sondern in Genossenschaften verwandelt. Viele Indios, die als Saisonarbeiter auf den Haciendas gearbeitet hatten, gingen leer aus. Weil sie auf dem Land keine Zukunft für sich sehen, fliehen sie in die großen Städte. Die Hauptstadt Perus, Lima, ist infolge der Landflucht seit 1950 um mehr als 7 Millionen Einwohner gewachsen. Viele Menschen errichten vor der Stadt primitive Hütten aus Stroh und Wellblech. So haben sich Siedlungen zu großen Stadtteilen entwickelt, in denen es weder fließendes Wasser noch Toiletten gibt. Dort können sich Krankheiten schnell ausbreiten. Viele Kinder wachsen ohne Schulbildung auf.

Brasilien

In Brasilien gibt es einen krassen Gegensatz zwischen Arm und Reich. In der Bevölkerung gibt es wenige Reiche, einen kleinen Mittelstand und viele Arme. Nur vier Prozent der Brasilianer verfügen über die Hälfte des nutzbaren Landes. Die Oberschicht lebt aufwendig und zahlt Hungerlöhne. Die Reichen wohnen hinter Gittern, bewacht von bewaffneten Sicherheitsleuten. Nicht weit entfernt von den vornehmen Stadtvierteln liegen auf den Hügeln die Favelas, meist illegal errichtete Elendsviertel, in denen die Armen hausen. In dieser Existenznot gehen Eltern auch dazu über, ihre Kinder als billige Arbeitskräfte an Plantagenbesitzer oder Gewerbebetriebe zu verleihen oder auch gar zu verkaufen.

Über 30 Millionen Kinder und Jugendliche in Brasilien haben kein richtiges Zuhause, nicht satt zu essen und gehen nicht in die Schule. Über sieben Millionen Kinder sind heimatlos und streunen durch die Städte auf der Suche nach Nahrung und Schutz. Viele leben vom Betteln, vom Diebstahl oder als Dealer von Drogen.

Was muss geschehen?

Viele Hilfsorganisationen unterhalten vielfältige Hilfsstationen, die an Ort und Stelle die Not lindern können. Aber nur eine grundlegende Reform der gesellschaftlichen Ordnung kann der wachsenden Armut in Lateinamerika Einhalt bieten. Dazu ist die Hilfe der Industriestaaten erforderlich.

Wir üben und wiederholen

Die Erfindung des Buchdrucks

(1) Ergänze den Text.

Holzbuchstaben ____________ leicht. Da kam Gutenberg auf die Idee, Buchstaben (Lettern) aus ____________ herzustellen. Nach vielen Versuchen gelang ihm eine ____________ Erfindung. Aus einer Legierung von Blei und weiteren Stoffen konnte er mithilfe von Matrizen ____________ in großer Stückzahl ____________. Diese Legierung wurde bis zur Mitte des 20. ____________ verwendet.

(zerbrechen, Metall, geniale, dauerhafte Lettern, gießen, Jahrhunderts)

Das alte und das neue Weltbild

(Seite 5)

(2) Kreuze an, zu welchem Weltbild die Aussagen gehören.

	Altes Weltbild	Neues Weltbild
Die Erde ist eine Scheibe.		
Die Erde ist eine Kugel.		
Die Erde ist Mittelpunkt der Welt.		
Alle Himmelskörper drehen sich um die Erde.		
Die Sonne ist Mittelpunkt unseres Planetensystems.		
Die Erde kreist um die Sonne.		

(3) **Europäer entdecken und erobern die Erde** (Seiten 7-10).
Setze die fehlenden Wörter ein.

Nach 1450 war der Indien-Handel auf dem Landweg durch die ____________ unterbunden. Darum suchten Portugiesen und Spanier einen Seeweg nach ____________. Auf seiner Fahrt nach Westen entdeckte dabei Christoph ____________ den neuen Erdteil ____________. Weil er glaubte in Indien zu sein, nannte er die Ureinwohner ____________. 1498 fand dann der in portugiesischen Diensten segelnde Vasco ____________ um Afrika herum den Seeweg nach ____________. Unter Fernando ____________ umsegelten 1519-1521 spanische Schiffe zum ersten Mal die Erde und bewiesen damit, dass sie keine Scheibe, sondern eine ____________ ist.
Den Entdeckern folgten schnell die ____________. Einer von ihnen war Hernando ____________, der im heutigen Mexiko das Reich der ____________ eroberte und zerstörte. Die unterworfenen Gebiete wurden von den Europäern zu ____________ gemacht und ausgebeutet. Die ersten europäischen Kolonialmächte waren ____________ und ____________.

Welche Ziele verfolgten Menschen aus der alten Welt in den Kolonien?

(4) Verbinde die passenden Satzteile.

Feldherren ○	○ suchten eigenes Ackerland.
Siedler ○	○ suchten nach Gold- und Silberschätzen.
Abenteurer ○	○ wollten neue Gebiete erobern.
Forscher ○	○ wollten durch Geschäfte reich werden.
Händler ○	○ verkündeten die christliche Lehre und bauten Schulen.
Missionare ○	○ erkundeten und erforschten das Land.

Italien - an der Schwelle vom Mittelalter zur Neuzeit

Ein neues Denken bricht auf
Im Mittelalter stellten sich die meisten Menschen die Frage: Was erwartet mich nach meinem Tod?
Diese, auf das „Jenseits“ ausgerichtete Lebensauffassung erfuhr um 1440 - zunächst in Italien - einen Umbruch.

Wie kam es zu diesem Umbruch?
In Italien waren viele Familien durch den wachsenden Handel und das neu aufgekommene Bankwesen (Geldwirtschaft) unermesslich reich geworden.
Es war aber nicht nur die Zeit des wachsenden wirtschaftlichen Reichtums, sondern auch die Zeit, in der Italien reich war an überragenden Künstlern und Gelehrten.
Die Herrscher in den reich gewordenen Handelsstädten unterstützten die Gelehrten und die Künstler. Die einen sollten durch ihre wissenschaftlichen Arbeiten und die anderen durch ihre Bauwerke und Malereien den Ruhm der Stadt vergrößern.

Die „Antike“ wird neu belebt
Viele Gelehrte befassten sich mit den alten Handschriften der Griechen und Römer. Sie studierten deren Dichtkunst und Lebensweise. Die Lebensauffassung der Menschen in der Antike, die auch für die Freuden im „Diesseits“ aufgeschlossen war, wurde verherrlicht.
Architekten und Bildhauer studierten die alten Bauwerke und Skulpturen der Griechen und Römer. Sie entdeckten deren Schönheit neu und nahmen diese Arbeiten zum Vorbild.
Dieses Zeitalter der Wiederbelebung der „Antike“, das das Mittelalter ablöst, wird Renaissance genannt (franz., zu deutsch: Wiedergeburt).
Diese neue geistige Bewegung, die Renaissance, greift Jahrzehnte später von Italien auch in die anderen europäischen Länder über.

Ein Beispiel aus dem Bereich der Baukunst zeigt das Bild. Das Rathaus in Augsburg, um 1615 erbaut, gilt als das schönste Bauwerk im Baustil der Renaissance in Deutschland.

Viele Städte in Italien erhalten im Zeitalter der Renaissance ein prunkvolles Aussehen
Viele Künstler bauten im Auftrag der Kirche großartige Kirchen und Dome, im Auftrag reicher Familien prunkvolle Stadtschlösser (Paläste).
Sie schmückten die Bauwerke mit schönen Skulpturen und die Plätze mit großartigen Brunnenanlagen. So prunkvoll wie die Paläste waren, so prunkvoll vollzog sich auch das Leben der Reichen in diesem Lande.
Italien-Reisende können noch heute die Werke aus diesem Zeitalter bewundern, vor allem in Venedig, Florenz, Mailand, Rom und in vielen anderen Städten.

Ein unbezähmbarer Wissensdrang erfüllte diese Zeit
Der Wissensdrang führte viele Menschen in die Universitäten; darum wurden neue Universitäten gegründet.
Genaue Studien und Beobachtungen führten zur Entdeckung der Perspektive. Dadurch erlebte die Malerei eine ungeheure Bereicherung. Neben religiösen Bildern wurden nun auch Menschen im Alltag und Landschaften gemalt. Bildwerke von unvergänglichem Wert schmücken Kirchen und Paläste.
Man will die Erde erforschen: Die Erfindung des Kompasses und die Ergebnisse der Forschung in der Astronomie ermöglichen die Entdeckungsfahrten auf den Weltmeeren.
Kopernikus entdeckt das neue Weltbild. Er hat viele Jahre an mehreren italienischen Universitäten studiert.
Forscherdrang machte italienische Künstler vielseitig.
Die beiden berühmtesten Künstler Italiens - Michelangelo und Leonardo da Vinci - waren in einer Person: Maler, Architekten, Erfinder, Ingenieure, Naturforscher, Schriftsteller und Bildhauer.

(1) Welche der nachfolgend aufgeführten Gegebenheiten förderten den Umbruch des Denkens? Kreuze an.

- Reiche italienische Kaufleute wollen sich ihres Reichtums erfreuen und ihn auch nach außen zeigen. ☐
- Reich gewordene Kaufleute kämpfen um die Herrschaft in den großen Handelsstädten. ☐
- Italien ist zu dieser Zeit reich an überragenden Künstlern und Gelehrten. ☐

(2) Die Dichtungen und Bauwerke der Griechen und Römer werden zum Leitbild für die Arbeit

- der italienischen Dichter ☐
- der italienischen Baumeister ☐
- der italienischen Handelsherren ☐
- der italienischen Bildhauer ☐

Kreuze Zutreffendes an.

(3) Unterstreiche in dem Abschnitt „Ein unbezähmbarer Wissensdrang erfüllte diese Zeit“:
1. Wodurch wurde die Malerei bereichert?
2. Wodurch wurden Entdeckungsfahrten auf den Weltmeeren erleichtert?
3. Wo studierte der Entdecker des neuen Weltbildes?

Angst und Not bedrängten die Menschen im ausgehenden Mittelalter

Wo liegen die Ursachen?

Angst um das Leben

Die unterdrückten Bauern verarmten mehr und mehr, weil von ihnen immer höhere Abgaben gefordert wurden. Hungersnöte infolge längerer Dürrezeiten, ständige Kriege und das Auftreten der Pest vermehrten Armut und Elend, Angst und Schrecken.

Sorge um das Seelenheil

Die Zerstörung des alten Weltbildes verunsicherte die Menschen sehr. Zudem glaubten sie, dass all die Schrecknisse ihrer Zeit auf den unchristlichen Lebenswandel der Menschen zurückzuführen seien. Bei der Kirche konnten sie kaum Trost und Hilfe für ihre seelische Not finden, weil es in der Kirche zu jener Zeit viele Missstände gab:

- Päpste und viele Bischöfe führten eine prunkvolle Hofhaltung wie weltliche Fürsten;
- hohe kirchliche Ämter wurden nicht den würdigsten Männern übertragen, sondern an den verkauft, der das meiste Geld zahlen konnte;
- Papst und Bischöfe waren mehr um die Stärkung ihrer weltlichen Macht bemüht als um die Seelsorge;
- die niederen Geistlichen - die Leutepriester - waren meist für die Seelsorge nicht hinreichend ausgebildet.

So bedrängten Angst und Schrecken vor einem Strafgericht Gottes, vor dem Teufel und vor der Hölle viele Menschen.

Wie es den Menschen zu Mute war, hat der berühmte Künstler Albrecht Dürer im Jahre 1498 in einem Holzschnitt dargestellt:

Die Menschen befürchteten, dass das Ende der Welt bevorsteht.
In dem Holzschnitt hat A. Dürer in Symbolen die vier Geißeln dargestellt, die über die Menschheit herfallen und die Menschen vernichten werden.

(1) Betrachte zunächst das Gesamtbild und versuche dann zu deuten, womit die einzelnen Reiter die Menschen bedrohen und wodurch die Menschheit zu Grunde gehen wird.

(2) Lies anschließend den Lückentext und trage die Namen der Geißeln ein, vor denen die Menschen Todesangst haben.

Im Vordergrund ist ein skeletthafter Reiter auf einem dürren Pferd zu sehen. Die Menschen wollen vor ihm fliehen, aber sie werden von dem __________ niedergetrampelt.
In der Mitte des Bildes schwingt ein Reiter eine leere Waage. Es gibt nichts mehr zum Wiegen. Dieses Bild kündet an, dass die Menschen von ______________________________ überfallen werden.
Ein weiterer Reiter schlägt mit einem Schwert um sich. Dieses Bild zeigt an, dass ______________________________ über die Menschen geschleudert werden.
Der vierte Reiter hat einen Pfeil in seinen Bogen gelegt. Diese Gestalt kündet davon, dass sich im ______________ die Menschen gegenseitig vernichten.

Verwende: Teuerung und Hungersnot - Tod - Krieg - Krankheit und Seuchen

Im ausgehenden Mittelalter entstand eine neue Volksfrömmigkeit

Die Amtskirche versagt
In den Schrecknissen dieser Zeit kümmerte sich die Amtskirche zu wenig um die Sorgen und die seelische Not der Menschen.
Aus allen Schichten der Christen wurden die Missstände in der Kirche angeprangert und eine Erneuerung des kirchlichen Lebens gefordert. Scharfe Kritiker, wie z.B. der Theologieprofessor Johannes Hus aus Prag und der Mönch Savonarola aus Florenz, wurden als Ketzer verurteilt und auf dem Scheiterhaufen verbrannt.

Zuflucht im Gebet
In ihrer Bedrängnis durch Hunger und Not und in ihrer Sorge um das Seelenheil suchten die meisten Christen verstärkt Trost und Hilfe im Gebet. Sie unternahmen häufig Wallfahrten zu Kirchen, Kapellen und Heiligenbildern. Auch viele Stiftungen sollten helfen das Strafgericht Gottes abzuwenden:
So wurden Bilder, Statuen, Altäre, Kapellen und Kirchen gestiftet.
Arme und Reiche waren bemüht durch Wallfahrten, Gebet und Stiftungen ihr Seelenheil zu retten.

Das Bild zeigt eine Wallfahrt zur Kapelle der Schönen Maria in Regensburg.

1. Betrachte das Bild eingehend. Einige Menschen umfassen die Bildsäule. Was könnten sie sich von dieser Berührung erhoffen?

2. Kranke Menschen haben sich vor der Bildsäule zu Boden geworfen; was könnte sie dazu bewogen haben?

3. Ein Wallfahrer trägt eine riesige Kerze; wozu könnte er die Kerze mitgebracht haben?

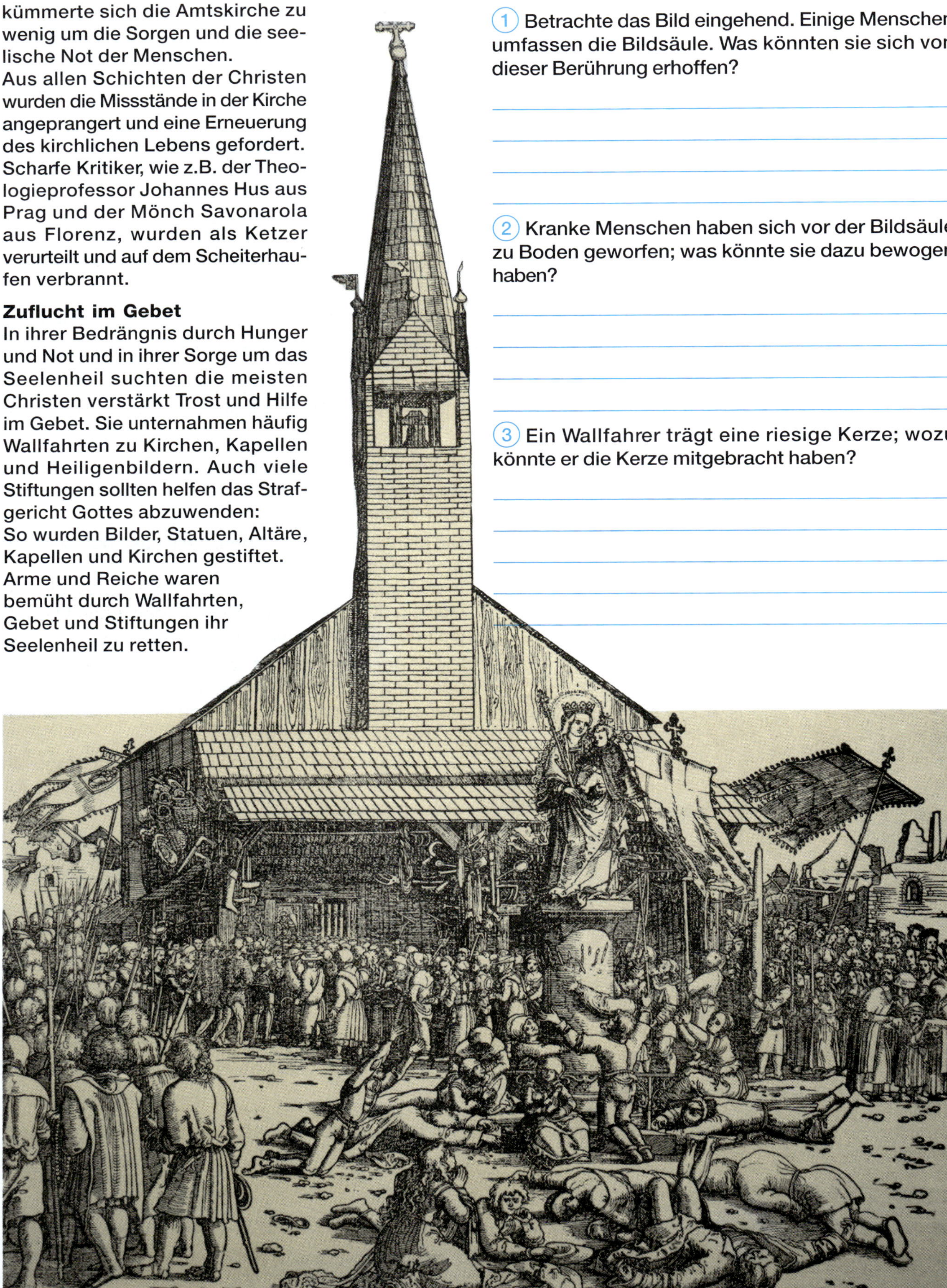

Der Ablasshandel löst die Spaltung der Christenheit aus

In Rom sollte die Peterskirche erbaut werden. Da das erforderliche Geld fehlte, verkündet der Papst einen Ablass: Jedem sollte der Nachlass der Sündenstrafen zuteil werden, der den Ablass kaufen und eine reumütige Beichte ablegen würde.
In Deutschland war der Erzbischof von Mainz für den Verkauf der Ablassbriefe zuständig. Dieser sollte die Hälfte des Erlöses erhalten, da er nach dem Kauf von drei Bischofsämtern hoch verschuldet war.
Die Ablassprediger zogen durchs Land und forderten zum Kauf der Ablassbriefe auf. Manche von ihnen, vor allem der Dominikanerpater Tetzel, versprachen, dass es genüge, den Ablassbrief zu kaufen um von allen Sündenstrafen befreit zu werden.
Die wegen der Sorge um ihr Seelenheil so verängstigten Menschen kauften in großen Scharen diese Briefe; sie kauften auch Briefe für längst Verstorbene.

(1) Was glaubten die Menschen, die Geld für einen Ablassbrief gezahlt hatten? ____________

____

____

Martin Luther
Der Augustinermönch Martin Luther aus Wittenberg geriet über diesen Missbrauch des Ablasses in Zorn. Er bat die Bischöfe, diesen Handel zu verbieten. Da die Bischöfe nicht eingriffen, tat er etwas anderes. Darüber berichtet der Prediger Mykonius:

„Da Dr. Martin Luther sah, dass die Bischöfe auch nichts in dieser Sache tun wollten, schrieb er etliche Sätze über den Ablass ... und ließ dieselben drucken und wollte nur mit den Gelehrten der hohen Schule Wittenberg darüber diskutieren, was der Ablass in Wirklichkeit wäre, was er vermochte ... Aber ehe 14 Tage vergangen waren, hatten diese Thesen das ganze Deutschland und in vier Wochen fast die ganze Christenheit durchlaufen ... Es glaubt kein Mensch, was für eine Gerede davon entstand. Sie wurden bald verdeutscht und dieser Vorgang gefiel nun jedermann sehr gut, ausgenommen den Predigermönchen und dem Erzbischof von Mainz ...“
(Brief des Friedrich Mykonius, in: Die Reformation in Augenzeugenberichten, hrsg. von H. Junghans, München 1973, S. 51f.)

(2) Gegen welchen Missbrauch richteten sich die hier abgedruckten Thesen Martin Luthers?

____

____

Auszug aus Luthers 95 Thesen (1517):

„1. Wenn unser Herr und Meister Jesus Christus sagt: Tut Buße!, so will er, dass das ganze Leben der Gläubigen Buße sei ...
27. Die predigen Menschen Tand, die vorgeben, dass sobald der Groschen im Kasten klingt, die Seele von Stund an aus dem Fegefeuer fahre ...
36. Jeder Christ ohne Ausnahme, der wahrhafte Reue empfindet, hat völlige Vergebung von Strafe und Schuld, die ihm auch ohne Ablassbrief gebührt ...
43. Man soll die Christen lehren, dass, wer dem Armen gibt, den Bedürftigen leiht, besser tut, als wer Ablassbriefe kauft ...“

(3) Wodurch war es möglich, dass Luthers Thesen so schnell in ganz Deutschland und auch in Europa verbreitet werden konnten?

____

____

____

Lukas Cranach, ein Freund Martin Luthers, hat diese Bilder zum Ablasswesen erstellt. Er stand im Dienst des sächsischen Kurfürsten Friedrich des Weisen. Dieser war auch Luthers Landesherr.

(4) Versuche die beiden Bilder zu deuten und deine Gedanken aufzuschreiben. Nimm die Quellentexte im Ausschneideblatt S. 1 zu Hilfe. Darin steht, was Cranach unter diese beiden Bilder geschrieben hat. Du kannst die Texte auch einkleben.

____

____

____

____

____

____

Wie wirkten sich Luthers Kritik und Protest aus?

Luthers mutige Kritik an den Missständen in der Kirche weckte bei vielen Menschen die Hoffnung, dass nun die lang ersehnte Erneuerung der Kirche erfolgen würde. Er fand in allen Schichten der Bevölkerung viel Zustimmung.

Wie reagierte die Kirche?

Als der Papst in Rom von Luthers Thesen erfahren hatte, schickte er einen Gesandten zu Martin Luther. Luther sollte seine Kritik widerrufen. Luther weigerte sich. Auch in der Folgezeit fanden noch viele Streitgespräche mit hohen geistlichen Gelehrten statt. Da drohte der Papst Luther an, ihn als Ketzer aus der Kirche auszuschließen. Luther aber verbrannte vor Studenten und Professoren die päpstliche Bulle, die ihm den Kirchenbann androhte. Daraufhin verhängte der Papst über Luther den Kirchenbann.

Wie reagierte der Staat?

Luthers Landesherr war der Kurfürst von Sachsen, Friedrich der Weise. Er war ein frommer Mann und hat sich für seinen Theologieprofessor eingesetzt.
Kaiser Karl V. aber berief 1521 einen Reichstag nach Worms und lud Luther vor den Reichstag. Hier klagte der päpstliche Gesandte Luther an:

„... Luther sündigte wider die Geistlichkeit, denn er sagte, dass alle Laien durch die Taufe Priester seien ... Er lehnt die Heiligen ab. Weil sein Irrtum so offenbar geworden, hat päpstliche Heiligkeit etliche seiner Artikel als ketzerisch und aufrührerisch verdammt. Aber Luther hat gegen den Beschluss des päpstlichen Stuhles an ein Konzil appelliert und glaubt des Papstes Urteilsspruch nicht anerkennen zu müssen. Deshalb wollen Eure Kaiserliche Majestät im Reich gebieten Martin Luthers Bücher alle zu verbrennen."

(Deutsche Reichstagsakten, 2. Band, Göttingen 1962, S. 499 ff)

Luther weigerte sich auf dem Reichstag, seine Kritik und seine Lehren zu widerrufen. Darauf verhängte der Kaiser über Luther die Reichsacht.

Aus dem Wormser Edikt vom 8. 5. 1521:

„ ... und befehlen euch ernstlich, dass ihr Martin Luther nicht beherbergt, nährt und tränkt, sondern ihn gefangen nehmt und uns wohlbehalten zusendet ... Desgleichen gebieten wir allen Richtern, dass sie die Schriften, Bücher, Zettel (Luthers) im ganzen Reich einsammeln, zerreißen und mit öffentlichem Feuer verbrennen ..."

(Zitiert nach: Schmid, H. G.: Fragen an die Geschichte, Band 2, S. 193)

1. Untersuche im vorstehenden Text, welche Forderung der päpstliche Gesandte an den Kaiser stellt. Unterstreiche diese Stelle. Schreibe die Forderung dann mit eigenen Worten auf. ______

______

2. Lies den Text oben rechts und unterstreiche im Auszug aus dem **Wormser Edikt**, was der Kaiser außer der Reichsacht anordnet.

3. Was soll durch die Ausführung dieser Anordnung erreicht werden? ______

______

4. Durch die Verhängung der Reichsacht ist Martin Luther „vogelfrei". Kreuze an, was das bedeutet.

- ☐ Jeder muss Luther zu essen geben.
- ☐ Jeder muss Luther hungern lassen.
- ☐ Jeder muss Luther verstecken.
- ☐ Jeder muss Luther verraten.
- ☐ Jeder muss Luther beherbergen.
- ☐ Jeder muss Luther gefangen nehmen.
- ☐ Jeder muss Luther ausliefern.

Eine neue Konfession entsteht

Friedrich der Weise schützte Martin Luther und ließ ihn heimlich auf die Wartburg bei Eisenach bringen. Hier lebte er als „Junker Jörg". In vielen weiteren Schriften erklärte Luther den neuen evangelischen Glauben. Da Luther wünschte, dass jeder Christ die Heilige Schrift lesen solle, übersetzte er als Erster das Neue Testament in die deutsche Sprache (1522).
Luther bat seinen Landesherrn, beim Aufbau der reformatorischen Kirche mitzuhelfen. Dieser übernahm als „Notbischof" die Leitung der neuen Kirche. Der Besitz der katholischen Kirchen und Klöster wurde eingezogen. Aus dem Gewinn wurden die Pfarrer bezahlt. Für die Ausbildung der Landgeistlichen wurden Schriften verfasst. Es fanden laufend Visitationen statt. Damit entstand im Kurfürstentum Sachsen die neue lutherische Kirchenordnung.

5. Es gibt heute verstärkt Bestrebungen, die Glaubensspaltung zu überwinden. So finden z.B. gemeinsame Gottesdienste beider Konfessionen statt. Berichte, welche weiteren Bemühungen dir bekannt sind.

______

______

______

Wie verlief die Reformation?

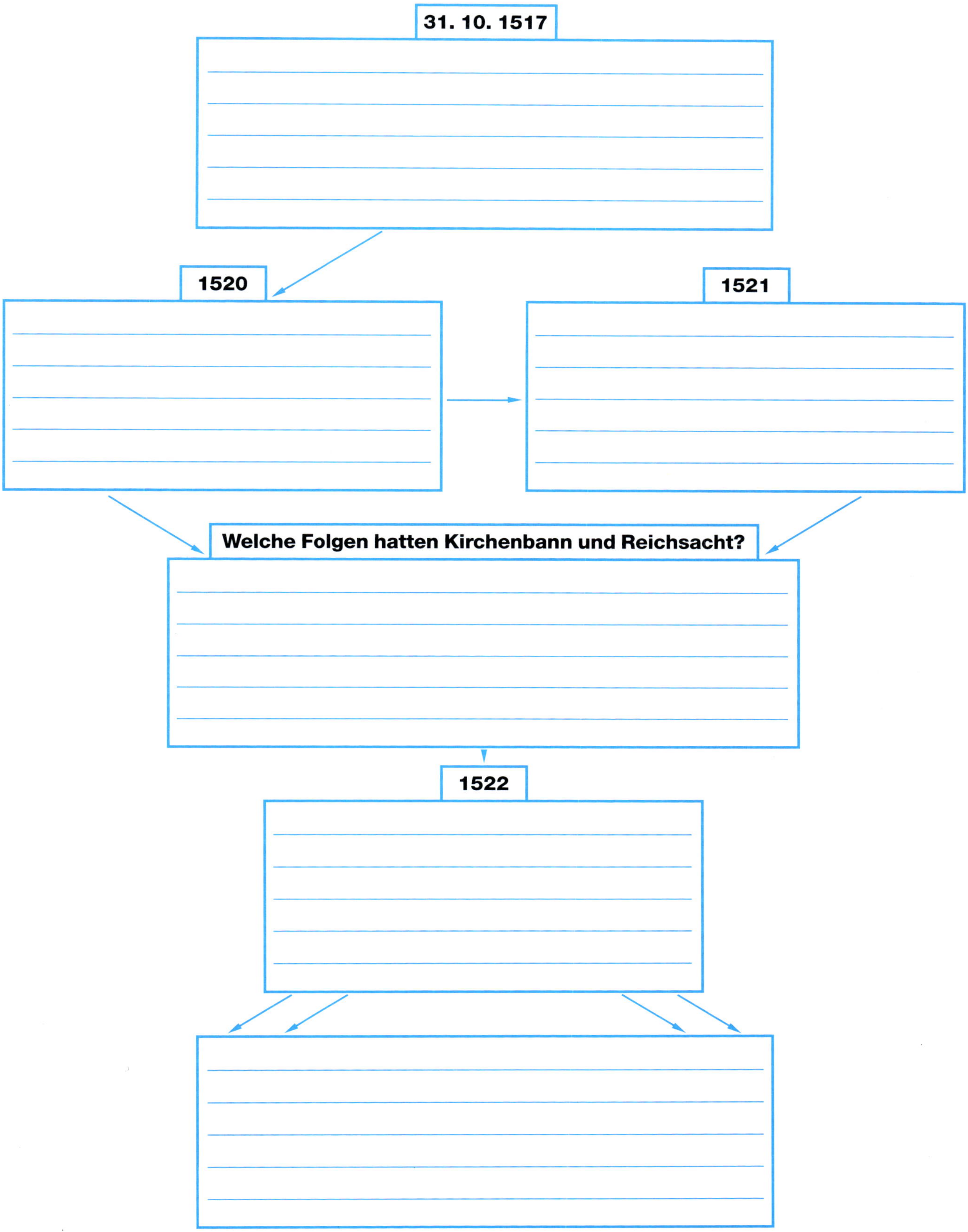

Diese Darstellung soll helfen sich den Verlauf der Reformation einzuprägen.

(1) Versuche die Geschehnisse in ihrer Reihenfolge aufzuschreiben. (Die Texte im Ausschneidebogen S. 1 helfen dir. Du kannst sie auch einkleben.)

(2) Wie heißt der Festtag, den die evangelischen Christen am 31. Oktober eines jeden Jahres begehen?

Die Christenheit spaltet sich weiter auf

Reformierte - Anglikaner

Calvin flüchtet nach Genf

Der Franzose Calvin hatte Luthers Schriften studiert und sich für Luthers Lehre entschieden. Er musste aus Frankreich fliehen, weil in Frankreich Luthers Lehre verboten war. Er ging in die Schweiz und ließ sich in Genf nieder.

Calvin gründet die Reformierte Kirche

Calvin löste sich noch entschiedener als Martin Luther von der Glaubenslehre der kath. Kirche ab. Nach seiner Lehre ist von Gott vorherbestimmt, wer als Auserwählter gilt und damit für das ewige Seelenheil bestimmt ist und wer zur ewigen Verdammnis verurteilt ist.

Wer sparsam und fleißig ist und Erfolg hat, gilt als Auserwählter Gottes. Arbeit und Gewinnstreben gelten als eine Form des Gottesdienstes.

Aus den Kirchen ließ Calvin die Altäre, die Bilder, die Orgeln, die Kerzen und allen Schmuck entfernen. In Abweichung von Martin Luther hielt er den gewaltsamen Widerstand gegen eine ungerechte Obrigkeit für gerechtfertigt.

Die Kirchenordnung für die Gemeinde der Auserwählten

Zusammen mit dem Rat der Stadt Genf verfasste Calvin eine Kirchenordnung. Über die Durchführung der Kirchenordnung wachte das Konsistorium. Genf sollte als Gemeinde der Auserwählten zum Vorbild für alle reformierten Gemeinden werden. Die Kirchenordnung war sehr streng: Tanzveranstaltungen, Theater, Würfel- und Kartenspiel waren verboten.

Die Gastwirte mussten darauf achten, dass die Gäste nur fromme Gespräche führten. Prunkvolle Kleidung, wie aller Luxus waren verboten. Wer gegen die Kirchenordnung verstieß, wurde hart bestraft: Geldbuße oder Gefängnis oder Ausweisung oder auch Hinrichtung.

Diese strenge Kirchenordnung galt in Genf über 20 Jahre.

Calvins Lehre breitet sich aus

In Genf wurde eine Hochschule für Prediger errichtet. Viele Prediger zogen aus um Calvins Lehre zu verbreiten.

Diese fand vor allem Anhänger in den Niederlanden, in Frankreich, wo sie Hugenotten genannt wurden, in England, wo sie Puritaner genannt wurden und in Schottland, wo sie Presbyterianer genannt wurden. Auch in Nordamerika fand Calvins Lehre viele Anhänger.

1. Warum musste Calvin aus Frankreich fliehen?

____

____

____

2. Wo verkündete Calvin seine Auslegung der Hl. Schrift? ______________________________

3. Wie wird die von Calvin gegründete neue Kirche genannt?

____

4. Wie sorgte Calvin für eine Verbreitung seiner Lehre? ______________________________

____

____

Die Anglikanische Staatskirche

Der englische König Heinrich VIII. wollte eine neue Ehe eingehen. Der Papst weigerte sich die bestehende Ehe aufzulösen. Daraufhin wurde von der Kirche in England die Oberhoheit des Papstes nicht mehr anerkannt. Der englische König wurde Oberhaupt der Kirche von England. Die neue englische Staatskirche wird Anglikanische Kirche genannt.

In ihrer äußeren Form blieb sie der kath. Kirche ähnlich, in der Glaubenslehre wurde sie weitgehend calvinistisch.

5. Erkläre, was zur damaligen Zeit unter folgenden Namen zu verstehen ist:

Hugenotten: ______________________________

____

Puritaner: ______________________________

____

Presbyterianer: ______________________________

____

Wie erging es den meisten Bauern zur Zeit der Reformation?

Vereinzelte Aufstände von Bauern hatte es in den Jahrhunderten vor der Reformation schon häufiger gegeben. Die Aufstände wurden meist schnell niedergeschlagen, da die Bauern außer ihren Arbeitsgeräten kaum Waffen besaßen.

Erhöhte Abgaben und mehr Frondienst

Zur Zeit der Reformation hatte sich die Lage der meisten Bauern weiterhin verschlechtert. Die Abgaben an Vieh und Ernteerträgen wurden von den Grundherren laufend erhöht.
Besonders drückend war der Fron- und Spanndienst. Es kam vor, dass die Bauern mitten in ihrer Ernte vom Grundherrn zu Frondiensten, zum Bau von Stallungen oder zum Bau einer Scheune herangezogen wurden.
Bauern, die den erhöhten Pachtzins nicht mehr zahlen konnten, wurden Leibeigene ihres Grundherrn. Viele Bauern hatten neben ihren Abgaben an den Grundherrn zusätzlich noch Steuern an den Landesherrn zu zahlen.

1. Unterstreiche im Text mit unterschiedlichen Farben die Aussagen, die in den beiden Bildern dargestellt sind.

Einschränkung der alten Rechte

Alte Rechte der Bauern auf die Allmende - das bedeutet die gemeinschaftliche Nutzung von Äckern, Weiden und Wäldern - wurden immer mehr eingeschränkt.
Auch das Recht auf Jagd und Fischfang war ihnen genommen.
Wer trotz des Verbots jagte, fischte oder Holz schlug, wurde hart bestraft, manchmal mit dem Tode.

2. Nimm Stellung zu dem nebenstehenden Hohn- und Spottgedicht auf die Bauern.

3. Welchen Gefahren setzte sich ein Bauer aus, wenn er Holz schlagen wollte?

Ratschlag an einen jungen Edelmann:
Willst du dich ernähren,
du junger Edelmann,
so folg du meinen Lehren,
sitz auf und trab zum Bann.
Halt dich an den Wald heran!
Wenn der Bauer ins Holz fährt,
so renn ihn tapfer an.
Erwisch ihn bei dem Kragen,
erfreu das Herze dein.
Nimm dir was sie haben,
spann aus die Pferdlein fein.
Sei frisch und auch unverzagt!
Wenn er keinen Pfennig hat,
reiß ihm die Gurgel ab.
(Zitiert nach Wolfgang Fenohr:
Dokumente des deutschen Daseins 1445-1945,
Königstein 1980, S. 15)

4. Worüber werden sich die geplagten Bauern zu Recht immer wieder beschwert haben? Ordne ein:

Verweigerung alter Rechte	zu hohe Abgaben	Zunahme des Frondienstes

(Jagdrecht, kaum Zeit für den eigenen Acker, Viehzehnt, Holzschlag, Fischrecht, Kornzehnt, Pachtzins, Nutzung der Allmende, Frau und Kinder müssen Frondienst leisten)

Die Bauern forderten Freiheit und Gerechtigkeit im Namen der Hl. Schrift

„Von der Freiheit des Christenmenschen"
Diese Schrift Luthers wurde von vielen so ausgelegt, dass jeder Christenmensch nicht nur im religiösen Bereich ein Recht auf Freiheit habe, sondern auch im politischen Bereich. Solche Worte weckten neue Hoffnung bei den unterdrückten Menschen. Es kam vielerorts zu einem Aufbegehren gegen die Unterdrücker.

(1) Wodurch wurde die Hoffnung der Bauern auf eine politische Reform gestärkt?

____

____

____

____

Die „12 Artikel der Bauernschaft"
Der Kürschnergeselle Lotzer aus Memmingen in Schwaben fasste die Beschwerden der Bauern zusammen. Er erstellte eine Schrift mit 12 Forderungen. Zudem begründete er jede Forderung mit Textstellen aus der Heiligen Schrift. Nun hatten die Bauern ein Programm.

Bauern mit ihren Waffen (Titelseite der 12 Artikel von 1525)

„... Die Bauern wollen keinen Aufruhr und keine Gewalt, sondern nur die Lehren des Evangeliums: Frieden, Geduld und Einigkeit sollen Wirklichkeit werden.

1. *Jeder Gemeinde steht das Recht zu, ihren Pfarrer selbst zu wählen und abzusetzen. Dieser soll das Evangelium lauter und klar, ohne menschlichen Zusatz predigen.*
2. *Die Bauern sind gewillt den Kornzehnt weiterzuzahlen, aber er soll für den Unterhalt des Pfarrers und für die Armen verwendet werden.*
3. *Die Leibeigenschaft soll aufgehoben werden. Die Bauern werden der von Gott eingesetzten Obrigkeit allezeit gehorsam sein.*
4. *Die Bauern fordern, dass sie frei jagen und fischen dürfen.*
5. *Die Bauern wollen ihr Holz frei aus dem Gemeindewald nehmen, sie wollen es nicht mehr vom Burgherrn oder von der Kirche gegen Geld kaufen.*
6. *Die Dienstleistungen, die Hand- und Spanndienste, sind auf ein erträgliches Maß herabzusetzen.*
7. *Die Bauern fordern, dass sie weitere Dienste darüber hinaus bezahlt bekommen.*
8. *Zinsen, Steuern und andere Abgaben sollen nach der Ertragslage eines Hofes neu festgesetzt werden.*
9. *Die Bauern verlangen, dass Recht nach dem alten geschriebenen Gesetz gesprochen wird und nicht 'nach Gunst'.*
10. *Gemeindeland, das einige zu Unrecht sich angeeignet haben, soll wieder zurückgegeben werden.*
11. *Im Fall, dass der Bauer stirbt, sollen Witwe und Waisen nicht mehr mit dem 'Todfall' (Abgabe zum Zeichen der Leibeigenschaft) belastet werden.*
12. *Jeden Artikel, der nicht mit der Heiligen Schrift übereinstimmt, wollen die Bauern sofort fallen lassen. Der Friede Gottes sei mit euch allen."*

(Die Memminger 12 Artikel von 1525. In: W. Rüdiger, Die Welt der Renaissance, München 1970, S. 95f.)

Bei früheren Bauernaufständen handelt es sich um örtlich und zahlenmäßig begrenzte Aufstände. Nun aber schlossen sich die aufständischen Rotten in Schwaben, Franken, im Odenwald, im Allgäu und in Thüringen zu Bauernheeren zusammen.

(2) Wodurch wurde dieser Zusammenschluss gefördert? ____________________

____

____

(3) Womit begründen die Bauern ihre Forderungen?

____

____

(4) Was fordern die Bauern? Erläutere die Stichwörter.

Priesterwahl: ____________________

Kornzehnt: ____________________

Leibeigenschaft: ____________________

Jagd- und Fischrecht: ____________________

Nutzung des Gemeindewaldes: ____________________

Hand- und Spanndienst: ____________________

Höhe der Steuern: ____________________

Gemeindeland (Allmende): ____________________

Die aufständischen Bauern hofften auf Unterstützung durch Martin Luther

Als Martin Luther die „12 Artikel der Bauernschaft" gelesen hatte, drängte er auf eine friedliche Einigung. Die Herren und Bauern sollten miteinander über diese 12 Forderungen der Bauern verhandeln. Schon 2 Jahre zuvor, 1523, hatte Luther die Grund- und Landesherren aufgefordert die Bauern gerecht zu behandeln. Schrift an die Fürsten:

> *„... man will nicht Eure Tyrannei und Euren Mutwillen auf die Dauer leiden ... Gott will's nicht länger haben! Es ist jetzt nicht mehr dieselbe Welt wie früher, da Ihr die Menschen wie Wild jagen und treiben konntet. Darum lasst ab von Eurem Frevel ... Bemüht Euch gerecht zu handeln."*
> (zitiert nach: Fragen an die Geschichte, H. D. Schmid, Hrsg., Band 2, S. 200)

① Unterstreiche, was Martin Luther den Landesherren vorwirft.

② Für wen setzt Martin Luther sich mit dieser Schrift ein?

____

1525 verfasste Luther nach der Schrift an die Fürsten auch eine Schrift an die Bauernschaft:

> *„An die Bauernschaft*
> *Wenn ihr sprecht: Die Obrigkeit ist bös und unleidlich; denn sie wollen uns das Evangelium nicht lassen und drücken uns allzu hart und verderben uns also an Leib und Seele. So antworte ich: Dass die Obrigkeit böse ist, entschuldigt keine Rotterei noch Aufruhr. Darum sage ich abermal: Ich lasse eure Sache sein, wie gut und recht sie sein kann."*
> (zitiert nach: Zeitaufnahme, Band 2, Hrsg. S. Graßmann, Braunschweig 1979, S. 33)

③ Unterstreiche im Text den Satz, in dem Martin Luther über das Recht zum Aufruhr Stellung nimmt. Schreibe mit deinen Worten auf, was Martin Luther damit sagen will.

____

____

____

Es kommt keine Einigung zu Stande

Die Bauern wollten nun mit Gewalt ihre Forderungen durchsetzen. Die Bauernheere erstürmten Burgen, Schlösser und Klöster; sie besetzten Städte und Dörfer. In ihrem unbeherrschten Zorn setzten sie Kirchen und Klöster in Brand und viele Bauernhaufen zogen plündernd und mordend durch das Land. Luthers Warnung vor Gewalttätigkeiten war von den aufständischen Bauern missachtet worden.
Jetzt wandte sich Luther von ihnen ab und verfasste eine Schrift: „Wider die räuberischen und mörderischen Rotten der Bauern".
Darin heißt es:

> *(bisher) „... durfte ich die Bauern nicht verurteilen, weil sie sich zu Recht und besserer Unterweisung erboten ... Aber ehe ich umsehe, waren sie fort und greifen mit der Faust drein ... rauben und toben wie rasende Hunde ... greuliche Sünden wider Gott und Menschen laden diese Bauern auf sich; daran sollen sie den Tod verdient haben."*
> (zitiert nach Sievens, Leopold: Revolution in Deutschland, Stuttgart 1978, S. 318)

④ Warum wendet Luther sich jetzt gegen die aufständischen Bauern?

____

____

Die Fürsten führen den Gegenschlag aus

Zur Verteidigung ihres Besitzes und ihrer Vorrechte schlossen sich papsttreue und reformatorische Adelige zusammen. Ihre besser gerüsteten Landsknechtsheere besiegten die aufständischen Bauern. Die Fürsten nahmen blutige Rache.

Der große Bauernaufstand ist gescheitert. Vielen Bauern geht es nun noch schlechter als zuvor.

⑤ Begründe, warum der Bauernaufstand gescheitert ist.

____

____

____

Habsburg - eine große Hausmacht

Der ursprüngliche Sitz der Habsburger war in der heutigen Schweiz. Durch viele Kriege, aber vor allem durch Heiraten verfügten die Habsburger nach einigen Jahrhunderten über die größte Hausmacht in Europa. Folgende Gebiete gehörten zur Hausmacht der Habsburger: Königreich Spanien, Burgund, Luxemburg, Niederlande, Mailand, Königreich Neapel, Königreich Sizilien, Königreich Sardinien, Österreich, Königreich Böhmen, Ungarn sowie die spanischen Kolonien in Mittel- und Südamerika.
Der König Karl von Spanien, aus der Familie der Habsburger, erbte im Jahre 1519 die gesamte Hausmacht.

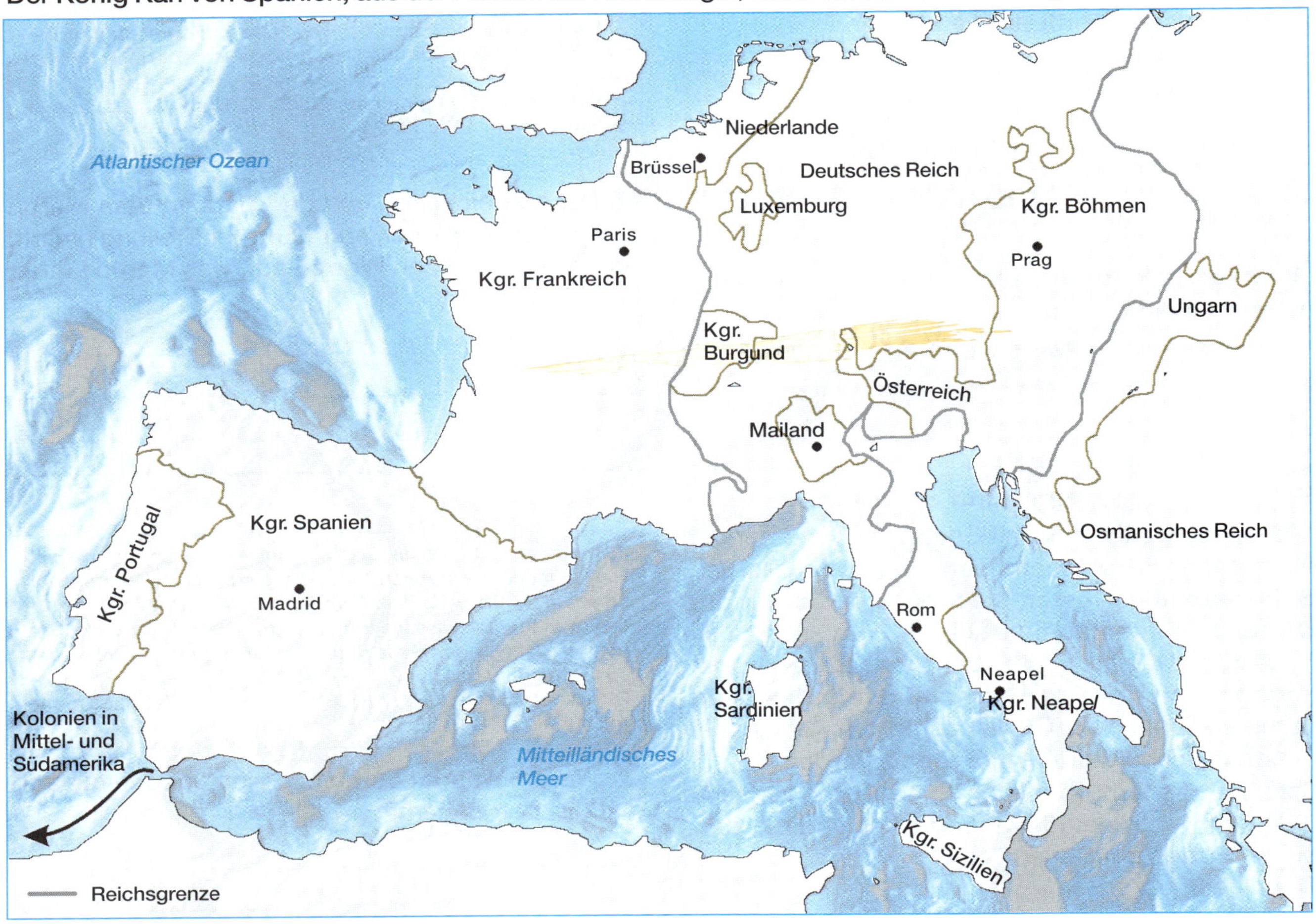

(1) Male alle Gebiete in gleicher Farbe aus, über die der Habsburger herrschte, bevor er 1519 zum Deutschen Kaiser gewählt wurde.

Der Habsburger Karl bewirbt sich um die Kaiserkrone
Karl lieh sich von den reichen augsburgischen Handelsherren, den Fuggern und Welsern große Geldbeträge. Das Geld verteilte er an die deutschen Kurfürsten. Diese wählten den Habsburger als Karl V. im Jahre 1519 zum deutschen Kaiser.

(2) Male jetzt das Deutsche Reich in gleicher Farbe aus, das nun auch zum Herrschaftsbereich Karls V. gehörte.

Man sagt vom Herrschaftsbereich Karls V.: „Ein Reich, in dem die Sonne nicht unterging."

(3) Nenne Besitzungen Karls V., die Anlass zu dieser Aussage gaben.

(4) Das Reich Karls V. lag weit gestreut. Überlege und schreibe auf, welche Schwierigkeiten sich daraus für eine einheitliche Verwaltung ergaben (Entfernungen, Verkehrsmittel, Sprache ...).

Habsburg - Franzosen, Türken, Reichsfürsten

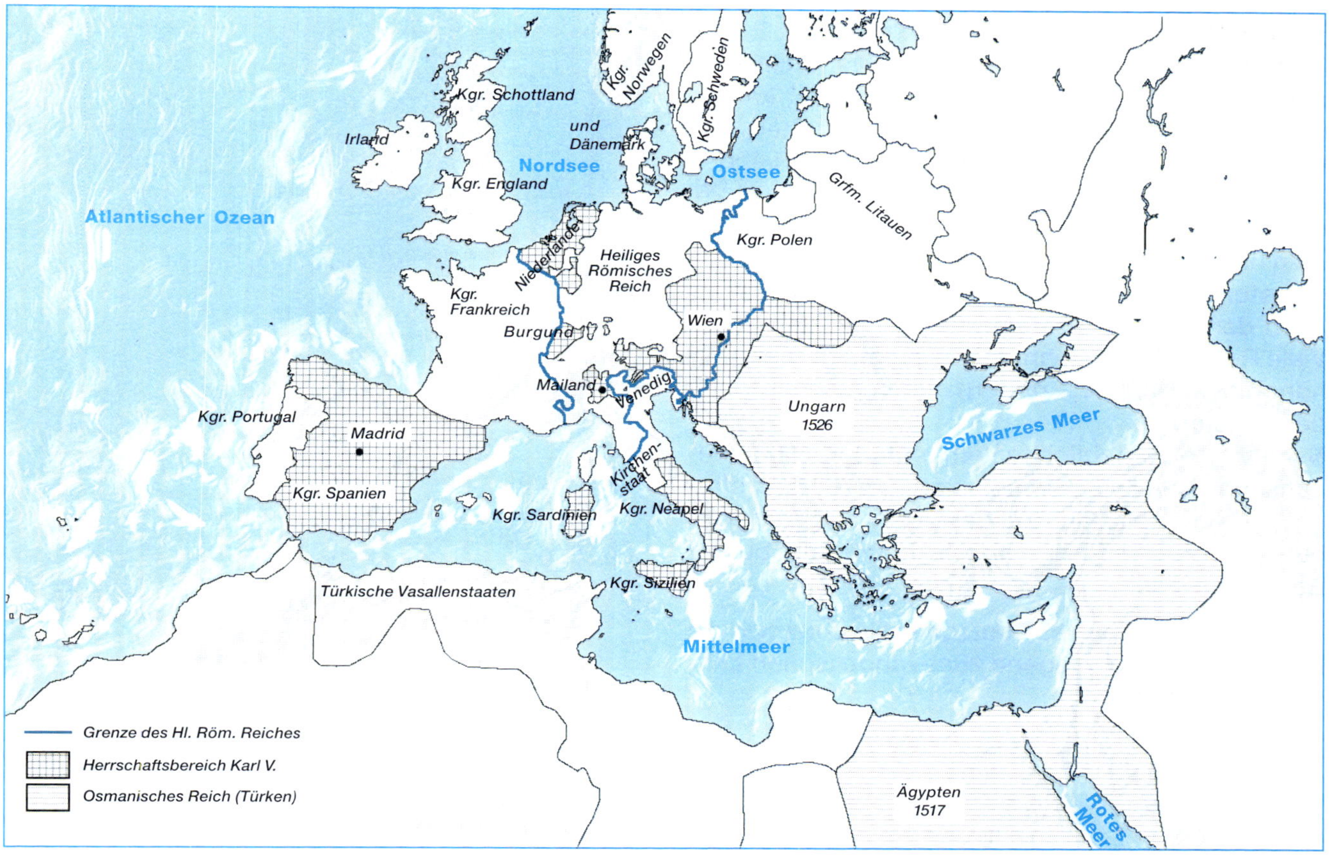

Habsburg - Frankreich

(1) Male die Herrschaftsbereiche Karls V. in gleicher Farbe aus (einschl. des Hl. Röm. Reiches).

(2) Male das Königreich Frankreich in einem anderen Farbton aus.

Frankreich strebte wie Habsburg die Vorherrschaft in Europa an. Um seine Grenzen im Norden und vor allem im Westen zum Rhein auszuweiten führte Frankreich mehrere Kriege. Der französische König nutzte dabei die schwierige Lage des Kaisers aus, der zugleich gegen die Türken kämpfen musste.

(3) Nenne Besitzungen der Habsburger, durch die sich Frankreich bedroht und umklammert fühlen konnte:

Im Norden: ______________________

Im Süden: ______________________

Im Osten: ______________________

(4) Die Türken hatten Ungarn erobert und belagerten Wien (1529). Male den Herrschaftsbereich der Türken (das Osmanische Reich) farbig aus.

Vorherrschaft in Europa?

Karl V. führte während seiner gesamten Regierungszeit Kriege. Seine Gegner waren vor allem Frankreich und die Türken. Diese vielen Kriege schwächten seine Macht; die Kriegskosten verschlangen den größten Teil der Schätze an Gold und Silber, die aus den spanischen Kolonien geraubt wurden. Es gelang Karl V. nicht, die Vorherrschaft in Europa zu erringen.

Kaisertum - Fürstenmacht

Karl hatte vor seiner Wahl den Fürsten im deutschen Kaiserreich zusagen müssen, ihnen ihre Vorrechte zu belassen. Da er als Kaiser nahezu ständig Krieg führte, nutzten die Fürsten seine Abwesenheit von Deutschland aus, um ihre Macht und Selbstständigkeit auszubauen.

(5) Warum gelang es Karl V. nicht die Vorherrschaft in Europa zu erringen?

____

____

(6) Warum gelang es Karl V. nicht die Macht des Kaisers im deutschen Reich zu festigen?

____

____

Der Augsburger Religionsfriede 1555

Glaubenseinheit - Glaubensfreiheit?

Zu den vielen Kriegen, die Karl V. in allen Teilen seines großen Herrschaftsbereiches führte, kamen noch die religiösen und sozialen Unruhen, die Kämpfe und Streitigkeiten im deutschen Reich.
Als 1529 das Wormser Edikt von 1521 (s. Seite 26) durchgeführt werden sollte, erhoben Landesfürsten und Reichsstädte, die zu Luthers Lehre übergetreten waren, Protest. Seit dieser Zeit gibt es auch den Namen: Protestanten.
Viele Reichsfürsten lehnten nun nicht nur die Oberhoheit des Papstes, sondern auch die Oberhoheit des Kaisers ab.
Nach vielen vergeblichen Verhandlungen und kriegerischen Auseinandersetzungen um Glaubensfragen kam es schließlich auf dem Reichstag zu Augsburg im Jahre 1555 zum sogenannten Augsburger Religionsfrieden.

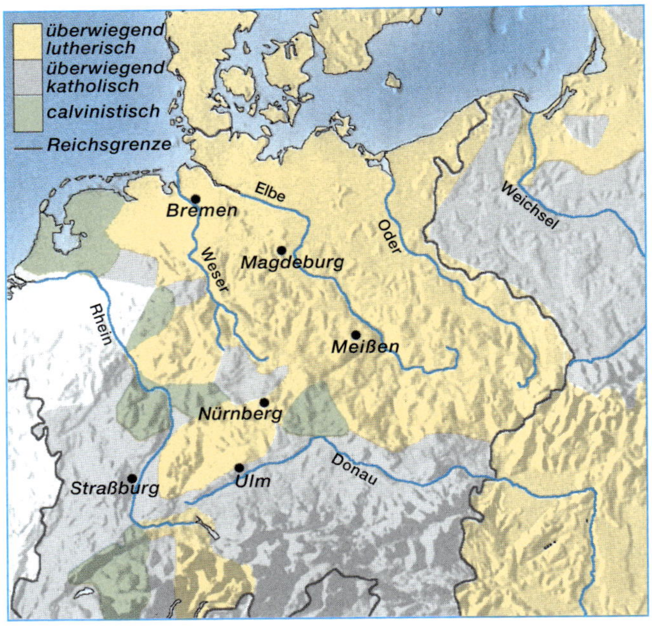

① In welchem Teil des deutschen Reiches war die Bevölkerung überwiegend zur evangelischen Lehre übergetreten?

② In welchem Teil des deutschen Reiches war die Bevölkerung überwiegend katholisch geblieben?

Der Augsburger Religionsfrieden von 1555

Die wichtigsten Bestimmungen besagen:

- Beide Konfessionen sind von nun an gleichberechtigt.
- Keine Seite darf der anderen Schaden zufügen.
- Die Untertanen sollen der gleichen Konfession angehören wie der Landesherr.
- Andersgläubige dürfen auswandern.
- In den Städten darf jeder die Konfession frei wählen und frei ausüben. Dabei sollen die Bürger friedlich neben- und beieinander wohnen.
- Die Kirchengüter, die die Protestanten eingezogen haben, sollen in ihrem Besitz bleiben.
- Geistlichen Fürsten wird der Übertritt zur protestantischen Konfession nicht verwehrt. Sie verlieren aber dadurch Amt und Herrschaft.

③ Was erscheint dir als Fortschritt in dieser Vereinbarung? (vgl. mit dem Wormser Edikt von 1521, S. 26).

④ Was erscheint dir als Nachteil dieser Vereinbarung?

⑤ Wer wurde durch diese Vereinbarung in seiner Macht gestärkt?

⑥ Rechte und Pflichten des Einzelnen sind in unserem Staat im Grundgesetz vom 29. 5. 1949 festgelegt. Suche im Grundgesetz den Artikel 3, Abs. 3. Schreibe auf, was dir am wichtigsten erscheint.

⑦ Suche im Grundgesetz Artikel 4, Abs. 1 und schreibe diesen Absatz auf.

Die Kath. Kirche leitet ihre eigene Reformation ein

Die Kath. Kirche kann sich wieder stärken und festigen. Die neuen Kräfte erwachsen ihr vor allem aus den Beschlüssen des Trienter Konzils und aus der Tätigkeit des neuen Ordens der „Gesellschaft Jesu".

Das Trienter Konzil

Schon vor und neben Martin Luther hatten viele Laien und Geistliche eine Erneuerung der Kath. Kirche und eine radikale Beseitigung der Missstände in der Kirche gefordert.

Das sollte nun endlich auf der Kirchenversammlung in Trient geschehen, die im Jahre 1545 begann. Nach langen Beratungen legte die Kirchenversammlung unter anderem fest:

- Der Handel mit Ablassbriefen ist verboten.
- Hohe kirchliche Ämter können nicht mehr durch Kauf erworben werden.
- Die Bischöfe müssen für eine gute Ausbildung der Priester sorgen und die Durchführung der Seelsorge beaufsichtigen.
- Die Rechte und Pflichten des Papstes, der Bischöfe und der Priester werden genau bestimmt.
- Die Glaubenslehre, soweit Luther sie infrage gestellt hat, wird neu festgelegt.
- Die Lehren der Reformatoren werden als Irrlehren verurteilt.

Die „Gesellschaft Jesu"

Der spanische Adelige Ignatius von Loyola beschloss nach einer schweren Verwundung Priester zu werden. Er studierte in Paris und gründete 1534 mit Freunden einen Bund. Jeder verpflichtete sich, dem Papst bedingungslos zur Verfügung zu stehen und zu gehorchen. 6 Jahre später erkannte der Papst diese Gemeinschaft als den Orden von der „Gesellschaft Jesu" (Jesuiten) an. Ignatius wurde zum Ordensgeneral gewählt.

Dieser Orden hatte bald sehr viele Mitglieder. Jedes Mitglied musste ein sehr langes und gründliches Studium durchlaufen.

Die Jesuiten gründeten in Deutschland, in Europa und auch in Übersee viele Niederlassungen und Schulen.

Gelehrte Jesuiten hatten auch entscheidenden Einfluss bei den Beratungen im Trienter Konzil.

Die Jesuiten setzten sich am stärksten für die Erneuerung der Kirche ein, die auch Gegenreformation genannt wird.

Sie erreichten, dass viele Christen wieder zur Katholischen Kirche zurückkehrten.

(1) Besondere Ärgernisse hatte der Handel mit den Ablassbriefen ausgelöst. Wie entschied das Konzil darüber?

___

___

(2) Es war zur Regel geworden, dass hohe kirchliche Ämter durch Kauf erworben werden konnten. Was sagt das Konzil zu dieser Gewohnheit?

___

___

(3) Welche Pflichten wurden den Bischöfen auferlegt?

___

___

___

___

(4) Was sagte das Konzil über die Glaubenslehren der Reformatoren?

___

___

Ignatius von Loyola

(5) Ignatius von Loyola gründete den Orden von der „Gesellschaft Jesu". Wie nennt man die Mitglieder dieses Ordens?

___

(6) Wozu muss sich jedes Mitglied dieses Ordens verpflichten?

___

___

(7) Welche Aufgaben hatten die Jesuiten vor allem in Deutschland?

___

___

Schulen

Klosterschulen

Im Mittelalter gab es fast nur Klosterschulen. Gelehrte Mönche erteilten in diesen Schulen den Unterricht. Nahezu alle Bücher in der Bibliothek waren in lateinischer Sprache geschrieben bzw. gedruckt. Im Unterricht wurde Latein gesprochen.
In diesen Schulen wurden die Schüler auf ihre Berufe als Geistliche, Ärzte, Rechtsanwälte, Richter oder fürstliche Beamte vorbereitet.
Viele Adelige, die ihre Söhne nicht in eine Klosterschule schickten, hielten Privatlehrer.
Die Gebildeten jener Zeit beherrschten die lateinische Sprache.

Lese-, Schreib- und Rechenschulen

Mit dem Beginn der Neuzeit nahmen Handel und Handwerk einen großen Aufschwung und die Geldwirtschaft setzte sich immer mehr durch.
Kaufleute und Handwerker kamen nun ohne Kenntnisse im Lesen und Schreiben und Rechnen nicht mehr aus.
Wer diese „Künste" beherrschte, bot sich als Schreibmeister oder Rechenmeister an. So entstanden private Schulen. Hier lernten die Söhne der Kaufleute das Lesen und Schreiben der deutschen Sprache und das Rechnen.
Handwerker lernten in der Regel diese Künste bei ihrem Meister oder bei den Eltern.

1 Wer unterhielt die ersten Schulen?

2 Wodurch entstand ein Bedürfnis nach Lese-, Schreib- und Rechenschulen?

3 Welche Bedeutung hatte die Erfindung Gutenbergs für den Unterricht?

4 Wo lernten in der Regel die angehenden Handwerker die Kunst des Lesens, Schreibens und Rechnens?

Unterricht in einer Lateinschule

Schreib- und Rechenschule im 16. Jahrhundert.
Ein Kaufmann bringt seinen Sohn in eine Schreib- und Rechenschule.

Adam Riese (1492-1559) war ein berühmter Rechenmeister. Er gab das erste Rechenbuch heraus.

Schulen

Evangelische Schulen

Martin Luther wollte, dass jeder die deutsche Bibel lesen und verstehen könne. Darum forderte er die Ratsherren aller Städte auf, Schulen einzurichten. Darin sollten Prediger, Juristen, Ärzte, Sekretäre und Schulmeister ausgebildet werden.

Jesuitenschulen

Im Verlauf der Reformation waren viele Klosterschulen aufgegeben worden. Zur Erhaltung und zur Verbreitung des katholischen Glaubens bemühten sich die Jesuiten um den Aufbau neuer Lateinschulen. Diese Schulen wurden vorwiegend von den Söhnen der Fürsten, der Adeligen und der führenden Bürger besucht.

Schulen für alle?

Es gab im 16. Jahrhundert schon viele Schulen. Aber die Mehrzahl der Bevölkerung konnte keine Schule besuchen, konnte nicht lesen und schreiben. Das waren die Angehörigen der niederen Stände in den Städten und alle Bauern, die auf dem Lande wohnten. Erst im 18. Jahrhundert entstanden in den einzelnen Landesteilen Schulen für alle Kinder zwischen 7 und 12 Jahren. Sie lernten vorwiegend: Lesen, Schreiben, Rechnen und Religion.

Der Unterricht fand zunächst in den Kirchen oder in der Wohnstube des Schulmeisters statt. Kinder unterschiedlichen Alters wurden in einem Raum unterrichtet.

Schulmeister war meist ein Kirchendiener. Es genügte anfangs, wenn er lesen, schreiben, rechnen und singen konnte.

Auf dem Lande fand der Unterricht im Winter statt, im Sommer nur ein- oder zweimal in der Woche. Etwa um die Mitte des 18. Jahrhunderts wurde der Schulbesuch durch Gesetz zur Pflicht.

1. Welche „Künste“ musste ein Kirchendiener beherrschen, damit er auch Schulmeister sein konnte?

2. Warum gab es auf dem Lande im Sommer weniger Unterricht?

In einer Dorfschule um das Jahr 1800

Der Unterricht fand in der Wohnstube des Schulmeisters statt. Bestrafungen spielten damals eine große Rolle: Schimpfworte, Schläge mit der Rute und das Knien in der Ecke sollten die Kinder in Zucht und Ordnung halten.

Die Niederländer kämpfen um ihre politische und religiöse Freiheit

Die spanischen Niederlande

Die Niederlande umfassten die heutigen Niederlande, Belgien und Luxemburg.
Sie besaßen viele große Häfen und Handelsstädte. Für das Haus Habsburg waren die reichen Niederlande für Steuern eine gute Einnahmequelle.

Die spanische Herrschaft wird verschärft

Im Kernland Spanien war die kath. Religion Staatsreligion. Andersgläubige waren vertrieben oder durch die Inquisition vernichtet worden.
In den Niederlanden dagegen gab es neben den Katholiken auch viele Lutheraner und Calvinisten.
Als Philipp II., König von Spanien, 1555 die Herrschaft antrat, wollte er auch in den Niederlanden die „Ketzerei" austreiben:

- Er nahm den Niederländern das Recht an der Verwaltung ihres Landes mitzuwirken.
- Er schickte Besatzungstruppen in die Niederlande.
- Er ließ die Inquisition einrichten.

Eine Bittschrift wird zurückgewiesen

Die Unterdrückung der Niederländer wurde immer unerträglicher. Proteste blieben wirkungslos.
Da übergaben führende Adelige eine Bittschrift an die Spanier. Sie forderten darin die Einberufung eines Parlamentes.
Die Abordnung wurde abgewiesen.

Unruhen brechen aus

Calvinistische Prediger predigten nun noch leidenschaftlicher gegen die Tyrannei und insbesondere gegen die Inquisition (damals das oberste Glaubensgericht der katholischen Kirche, das sehr gefürchtet war und gegen Kritiker auch viele Todesurteile ausgesprochen hat).
Erregte Menschen schlossen sich zusammen, drangen in katholische Kirchen ein und zerstörten Altäre und allen Schmuck.

Eine Armee soll die Ruhe wiederherstellen

Der König schickte Herzog Alba mit einer großen Armee in die Niederlande.
Alba verurteilte Tausende zum Tode am Galgen oder auf dem Scheiterhaufen. Mit verschärftem Terror wollte er den Widerstand brechen.

Krieg gegen die spanische Herrschaft

Alba erreichte das Gegenteil. Viele Niederländer aus allen Volksschichten und allen Konfessionen schließen sich zusammen.
Aus ihren Inselverstecken griffen die Niederländer die Spanier immer wieder an. Sie durchstießen dabei auch Deiche und Dämme, sodass viele Spanier in den Fluten ertranken.
In einem langjährigen Krieg fanden viele den Tod, wurden weite Landflächen verwüstet, wurde der Wohlstand, der Jahrhunderte bestanden hatte, vernichtet.

Die Militärherrschaft Albas zerbricht

An dem Freiheitswillen der Niederländer zerbrach die Militärherrschaft der Spanier.
Der Norden, die heutigen Niederlande, erklärte seine Unabhängigkeit. Der Süden blieb zunächst spanisch.

(1) Male die Pfeile, die für die Niederländer stehen, rot aus.

(2) Male die Pfeile, die für die Spanier stehen, schwarz aus.

(3) Male gelb das Gebiet aus, das seine Unabhängigkeit erkämpft hat.

(4) Male braun das Gebiet aus, das unter spanischer Herrschaft blieb.

(5) Wie waren die religiösen Verhältnisse um 1555 im Kernland Spanien?

____

____

(6) Wie waren die religiösen Verhältnisse um 1555 in den spanischen Niederlanden?

____

____

____

Die Niederlande - von der Fremdherrschaft zur Unabhängigkeit

(1) Beantworte die Fragen.

Was wollte der spanische König? Was tat er?

1555

Wie wirkten diese Maßnahmen auf die Niederländer? Was taten sie?

1566

Wie reagierten die Spanier auf Protest und Bittschriften der Niederländer?

Die Empörung gegen die Fremdherrschaft wurde immer stärker. Was geschah?

Wie reagierte der spanische König auf die Unruhen?

Die Militärherrschaft Albas wurde immer drückender. Was taten die Niederländer?

Woran zerbrach die Militärherrschaft Albas?

Welche Auswirkungen hatte der Freiheitskrieg der Niederländer?

1581

(Falls erforderlich, helfen dir die Textkärtchen auf dem Ausschneideblatt 2.)

Aus der Unabhängigkeitserklärung:
„Ein Volk ist nicht wegen des Fürsten, sondern ein Fürst um des Volkes willen geschaffen, denn ohne das Volk wäre er ja kein Fürst. Er ist dazu da, dass er seine Untertanen nach Recht und Billigkeit regiere. Behandelt er sie aber nicht so, sondern bloß wie Sklaven, dann hört er auf ein Fürst zu sein und ist ein Tyrann. Und so erklären wir denn jetzt den König von Spanien verlustig jedes Anspruchs auf die Herrschaft in den Niederlanden."
(Aus der Unabhängigkeitserklärung der Niederlande, 1581. In: Historisch-politisches Quellenbuch, Bd. 1, Frankfurt, S. 291, gekürzt)

(2) Wie begründen die Niederländer das Recht ihre Unabhängigkeit vom spanischen König zu erklären?

(3) Martin Luther empfahl Duldsamkeit gegen die Obrigkeit. Welcher Reformator lehrte, dass gegen eine ungerechte Obrigkeit gewaltsamer Widerspruch berechtigt ist?

Frankreich - Bürgerkriege und Glaubensfragen

Calvins Lehre fand in Frankreich sowohl unter den Adeligen wie auch unter den Kaufleuten viele Anhänger. Sie hatten in einigen Städten und Provinzen großen politischen Einfluss.
Der französische König ließ die Calvinisten, in Frankreich Hugenotten genannt, verfolgen, weil sie ihre Vorrechte und ihren Einfluss nicht an die königlichen Beamten abtreten wollten. Der Hass der katholischen Hofpartei gegen die Calvinisten führte in der „Bartholomäusnacht“ (23./24. 8. 1572) zur blutigsten Verfolgung. Hugenotten hatten sich in Paris eingefunden um an der Hochzeit des Prinzen Heinrich von Navarra teilzunehmen. Sie wurden in der Nacht in ihren Quartieren überfallen und ermordet. Danach wurden auch im ganzen Land tausende von Hugenotten ermordet. Überlebende setzten trotz der Verfolgung den Widerstand fort und flohen ins Ausland.
Mit dem Edikt von Nantes (1598) wurde der 30 Jahre währende Glaubenskrieg in Frankreich beendet.

„Die Bartholomäusnacht“, zeitgenössisches Gemälde von Francois Dubois.

(1) Berichte über die im Bild dargestellten Geschehnisse.

Aus dem Augsburger Religionsfrieden (1555)	Aus dem Edikt von Nantes (1598)
Die Untertanen müssen das Bekenntnis des Landesherrn annehmen. Wer regiert, bestimmt die Religion der Bevölkerung. Andersgläubige müssen auswandern, wenn sie ihr Bekenntnis nicht wechseln wollen.	Die Anhänger der reformierten Religion (Hugenotten) dürfen überall in unserem Königreich leben und wohnen ohne belästigt, bedrückt oder gezwungen zu werden etwas gegen ihr Gewissen zu tun.

(2) Vergleiche die Regelungen miteinander.
Wer entschied in Deutschland über die Religionszugehörigkeit?

(3) Wer konnte in Frankreich über die Religionszugehörigkeit entscheiden?

Dreißig Jahre Krieg in Deutschland (1618-1648)

Hier Protestanten - hier Katholiken

Donauwörth

Die meisten Einwohner Donauwörths waren um 1600 Protestanten. Nun gründeten dort die Jesuiten eine katholische Gemeinde.
Als die Katholiken in einer Prozession durch die Stadt ziehen wollten, verbot der Rat diese Prozession. Daraufhin führten die Katholiken beim Kaiser Klage, weil sie sich in der freien Ausübung ihrer Religion behindert fühlten.
Der Kaiser verurteilte die Anordnungen des Rates. Zudem mussten die Protestanten der katholischen Gemeinde eine Pfarrkirche überlassen. Die Spannungen zwischen Protestanten und Katholiken verschärften sich.

Union - Liga

Ähnlich wie in Donauwörth verschärften sich vielerorts die Spannungen zwischen Protestanten und Katholiken.
Einige protestantische Landesfürsten und Städte schlossen sich deshalb zur „Union“ zusammen. Daraufhin schlossen sich katholische Landesfürsten zur „Liga“ zusammen. So waren zwei Fronten gebildet, die sich feindlich gegenüberstanden.

Böhmen

Den Protestanten in Böhmen war vom Kaiser Rudolf, der zugleich König von Böhmen war, die freie Ausübung ihrer Religion zugesichert worden. Sein Nachfolger, Ferdinand II., aber ließ es zu, dass in Böhmen protestantische Kirchen geschlossen oder zerstört wurden. Die Protestanten empörten sich.

Der Prager Fenstersturz (1618)

Empörte böhmische Adelige drangen in Prag in die Burg ein. Sie erhoben vor Vertretern des Königs Protest gegen das Unrecht und forderten eine Bestätigung der kaiserlichen Zusage. Das wurde abgelehnt. In ihrem Zorn warfen sie zwei königliche Räte und einen Schreiber aus dem Fenster.
Dieser „Prager Fenstersturz“ löste in Böhmen einen Aufstand aus.
Die Aufständischen erklärten den katholischen König für abgesetzt und machten einen deutschen Fürsten, den Führer der Union, zum König.

Der Beginn des „Dreißigjährigen Krieges“

Der Kaiser warf den Aufstand in Böhmen nieder und ließ die katholische Religion wieder einführen.
Die verbündeten Heere des Kaisers und der Liga besiegten das Heer der Union und zogen weiter nach Norddeutschland.

① Warum gründeten die Jesuiten in Donauwörth eine katholische Gemeinde?

② Worauf konnte sich die katholische Gemeinde berufen?
(Lies nach: S. 34 „Der Augsburger Religionsfriede“)

③ Worauf konnten sich die böhmischen Protestanten berufen?

Aus Praag
Darinnen kürtzlich vermeldet wird/ der gefährliche Zustandt/ welcher vber die Evangelische Stände hat ergehen sollen/ Aber von Gott dem Allerhöchsten verhütet worden/ vnd hernachmals sich das Widerspiel begeben/ das es vber die Rahtgeber (so Gott vnd dem Landesfrieden zuwieder/) selbsten außgangen / Auch wie sich einer von den rähelinsführer/ aus angst seines bösen Gewissens/ zu den Capuciner München ins Kloster versteckt / entlichen aber herauß geben müssen/ vnd den Evangelischen Ständen gefänglichen vberantwortet. Wie sie dann auch ferner jhr eigen bekändtniß gethan/ vnd vmb Gnade gebeten.

Gedruckt im Jahr 1618.

Die in Wort und Bild abgefasste Nachricht dieses Flugblattes könnte in Schlagzeilen heute etwa so lauten:

- Evangelische Stände fühlen sich bedroht;
- Religionsverbot geplant;
- Empörung richtet sich gegen königliche Räte;
- Vertreter der evangelischen Stände werden handgreiflich;
- Ratsmitglied sucht Versteck im Kloster;
- Königliche Räte in Händen der evangelischen Stände.

Aus dem Bürgerkrieg wird ein europäischer Krieg

Warum greifen Dänen und Schweden in den Krieg ein?

Zu Anfang war der Dreißigjährige Krieg ein Bürgerkrieg zwischen deutschen Protestanten und deutschen Katholiken.

Als erster ausländischer Staat griff Dänemark in den Krieg ein. Der dänische König wollte seinen protestantischen Glaubensbrüdern helfen; er dachte aber auch daran seine Herrschaft nach Süden auszudehnen.

Als die Dänen besiegt waren, beherrschte die Liga ganz Norddeutschland.

Nun fürchteten die protestantischen Schweden die Macht des deutschen Kaisers.

Der schwedische König Gustav-Adolf wollte

- seinen evangelischen Glaubensbrüdern helfen,
- die Wiederausbreitung der katholischen Kirche im Norden Deutschlands verhindern,
- und für Schweden die Vormacht in der Ostsee sichern.

Deshalb landete er mit seinem großen Heer in Deutschland.

Die Schweden drangen in vielen Kämpfen bis Bayern vor.

Warum war dieser Krieg so grauenvoll?

In diesem Kriegsgeschehen kämpften auf deutschem Boden Armeen vieler Länder: Deutschland, Böhmen, Dänemark, Schweden und Frankreich. Andere Staaten – wie England, Schottland und Polen – hatten Söldnerheere gestellt. In diesen Söldnerheeren kämpften auch Griechen, Italiener, Türken und Niederländer. Für alle galt: Der Krieg muss den Krieg ernähren.

Viele große und kleine Heere und ungezählte kleine Trupps zogen kreuz und quer durch Deutschland und nahezu alle plünderten, mordeten und brandschatzten.

Zu alldem raffte auch noch die Pest viele Menschen dahin. Ein Drittel der Bevölkerung Deutschlands fiel diesem Krieg zum Opfer.

Ungezählte Dörfer und viele Städte wurden vernichtet, Äcker und Felder waren verwüstet.

Warum greifen die Franzosen in den Krieg ein?

Als endlich, im Jahre 1635, ein Ende des Krieges nahe zu sein schien, verbündete sich der katholische König von Frankreich mit den protestantischen Schweden und marschierte mit einer großen Armee nach Deutschland ein. Nun entbrannte dieser furchtbare Krieg von neuem und dauerte noch weitere 13 Jahre.

Die Franzosen sahen in der Teilnahme an diesem Krieg die Möglichkeit die Macht des Habsburger Kaisers zu schwächen. Sie fühlten sich seit langem von der weit ausgedehnten Hausmacht der Habsburger bedroht (vgl. die Karte auf Seite 32).

Zudem hofften sie, durch diesen Krieg Gebiete im Rheinland erobern zu können.

So war aus dem Glaubenskrieg längst ein Krieg um die Vormacht in Europa geworden.

(1) Warum griff der schwedische König Gustav-Adolf in den Krieg ein?

____

____

____

(2) Warum griffen die Franzosen in den Krieg ein?

____

____

____

____

Aus dem Kampf um die Glaubensfreiheit wird ein Kampf um die Macht

Der Dreißigjährige Krieg wurde ausgelöst durch den ____________________ . Zunächst war es ein Bürgerkrieg zwischen deutschen ________________ und deutschen ________________ . Als erste ausländische Macht zur Unterstützung der Protestanten griff ________________ in den Krieg ein. Der schwedische König ________________ wollte seinen ________________ Glaubensbrüdern helfen.

Er wollte sich aber auch Gebiete an der deutschen Ostseeküste sichern um die ________________ in der Ostsee zu behalten.

Frankreich griff in den Krieg ein, weil es die ________________ in Europa anstrebte. Der Dreißigjährige Krieg dauerte von ____________ bis ____________ .

(Prager Fenstersturz – Vorherrschaft – Katholiken – Protestanten – Schweden – protestantischen – Gustav Adolf – Vormacht – 1618 – 1648)

Was ist durch den Westfälischen Frieden aus Deutschland geworden?

1644 begannen in Westfalen die Friedensverhandlungen. In Münster wurde mit Frankreich, in Osnabrück mit Schweden verhandelt. Die Diplomaten aus vielen Ländern stritten sich vier Jahre lang.

1648 wurde endlich der „Westfälische Friede" unterzeichnet.

(1) Versuche die Aussage des Bildes zu deuten.

Bild eines Flugblattes: Der Postreiter überbringt die Friedensbotschaft

Welche Regelung findet der Glaubensstreit?

Der Augsburger Religionsfriede von 1555 soll weiterhin Gültigkeit haben. Er wird auf die Calvinisten ausgedehnt.

Welche neuen Grenzen gibt es?

Die Vereinigten Niederlande und die Schweiz scheiden aus dem Reichsverband aus und werden unabhängig. Damit verfügen die Niederlande auch über die Rheinmündung. Schweden erhält Gebiete an der Ostseeküste, die Odermündung und die Gebiete um die Mündungen der Elbe und Weser. Frankreich erhält neben anderen Gebieten einen Teil des Oberrheintales. Deutschland hatte damit die Kontrolle über seine großen Wasserwege verloren.

Mit der Macht des Reiches ist es vorbei

Deutschland wurde in 350 einzelne Länder aufgeteilt, das sind Fürstentümer, Kleinstaaten, Kleinststaaten und freie Reichsstädte. Die Fürsten wurden selbstständig und unabhängig. Sie konnten ihr eigenes Heer, ihre eigene Münze, ihre eigene Zollverwaltung unterhalten. Der Kaiser durfte ohne Zustimmung der Fürsten keine Gesetze erlassen, keine Verträge abschließen, keine Steuern erheben. Damit wurde die Macht des Kaisers im Reich sehr geschwächt.

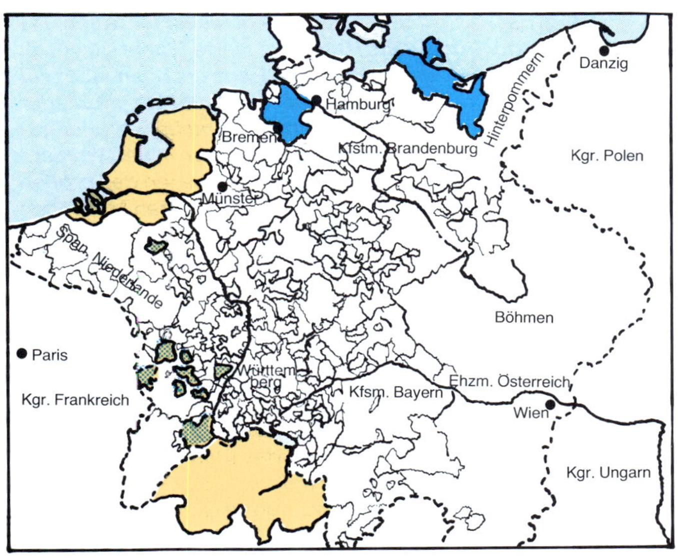

(2) Ergänze die Legende zur Kartenskizze. Trage in die freien Felder ein:

- Kleinstaaten im deutschen Reich
- unabhängige Staaten
- Gebiete an Frankreich
- Gebiete an Schweden

(3) Wodurch wurde der Seehandel für Deutschland stark beeinträchtigt?

(4) Welche Bestimmung des Westfälischen Friedens ist heute noch erkennbar?

Leiden im Dreißigjährigen Krieg

Plünderung - Brand - Mord - Hunger - Pest

Plünderung eines Dorfes

„Das Erste, was die Reiter taten, war, dass sie ihre Pferde einstellten. Dann aber hatte jeder seine besondere Arbeit zu verrichten. Etliche fingen an zu metzgern, zu sieden und zu braten. Andere durchstürmten das Haus von unten bis oben. Noch andere machten von Tuch, Kleidern und allerlei Hausrat große Packen, als ob sie damit einen Krempelmarkt anstellen wollten. Was sie aber nicht zu nehmen gedachten, wurde zerschlagen und zu Grunde gerichtet. Etliche durchstachen Heu und Stroh mit ihren Degen, als ob sie nicht Schafe und Schweine genug zu stechen gehabt hätten. Etliche schütteten die Federn aus den Betten und füllten dafür Speck, gedörrtes Fleisch und sonstiges Gerät hinein, als ob es besser darauf zu schlafen gewesen wäre. Andere schlugen Ofen und Fenster ein, als hätten sie einen ewigen Sommer zu verkünden. Kupfer- und Zinngeschirr stampften sie zusammen und packten die verbogenen und verderbten Stücke ein. Bettladen, Tische, Stühle und Bänke verbrannten sie, obgleich viele Klafter dürres Holz im Ofen lagen. Hafen und Schüsseln mussten alle entzwei, entweder weil sie lieber am Spieß Gebratenes aßen oder weil sie allhier nur eine einzige Mahlzeit zu halten gedachten ... „

(Aus: J. J. Chr. von Grimmelshausen, Simplizissimus, Buch 1; gekürzt)

Bauern im Dreißigjährigen Krieg auf der Flucht vor den Schweden

„ ... Die Schweden sind geflohen, aber am nächsten Mittag sind sie schon wieder in unser Dorf gekommen und haben uns überrascht. Was sie bei uns erwischen konnten, das nahmen sie mit. Als wir solches sahen, säumten wir nicht lang. Wer laufen konnte, der lief, damit wir an demselben Tag noch nach Ulm kommen möchten; die Reiter waren uns schon auf dem Hals. Das ist unsere vierte Flucht gewesen ... Den 7. Mai sind wir wieder nach Haus gezogen, aber wir hatten wieder keinen Frieden. Denn den 25. Mai ist wieder das kaiserliche Kriegsvolk gekommen und hat heftiger gewütet als je. Jedermann hat fliehen müssen. In den Wäldern hat man aber nicht lang bleiben können wegen des großen Hungers ... Durch den Hunger ist von den armen Menschen viel greulich und abscheulich Ding gegessen worden, Hund und Katzen, Mäus und Rossfleisch, auch allerlei Kraut auf dem Feld, die Distel, die Nessel, der Hahnenfuß. Viele tausend Menschen sind vor Hunger gestorben ...

Pestkranke und Pesttote

„ ... Zwischen und neben den Kriegsruten schickte uns Gott die Pestilenz. Sie kam zu Anfang des (Jahres 1635) ... auf, an der viele starben ... Im Frühjahr ... (fielen) die Leute schnell und haufenweise dahin ... , sodass man sie gar nicht alle begraben konnte ... Oft lagen Kranke bei den Toten in einem Bette ... Die Pest währte bis in den Herbst ... , sie riss aber dennoch viele tausend Menschen im Lande weg, so dass kaum der zwanzigste Teil, in einigen Dörfern aber gar niemand übrig blieb ... “

(Joh. Daniel Minck, Zit. nach E. Orthbandt, Das deutsche Abenteuer. Hermann Pfahl-Verlag, Baden-Baden 1960, S. 601 ff.)

Der Absolutismus: Ludwig XIV. - ein absoluter Herrscher

Welche Stellung hat ein König?

Schon vor Ludwig XIV. vertrat ein Staatsdenker, der Franzose Bodin, die Meinung:

> *„Es gibt auf Erden nichts Größeres und Höheres als die Könige nächst dem allmächtigen Gott.*
> *Sie sind gleichsam als seine Gesandten zum Wohl der übrigen Menschen bestellt worden ... Man muss ihnen mit aller Treue, Sorge und Unterwerfung folgen ...*
> *Der erste Punkt besteht darin, dass Gesetze ... von der Willkür und dem Willen derer abhängen, die die höchste Gewalt im Staate innehaben ... „*
> (R.Krebs, Der Europäische Absolutismus, Stuttgart 1971, S. 23)

(1) Von wem erhalten nach Bodins Meinung die Könige den Auftrag für ihre Herrschaft?

(2) Wer allein kann nach Bodins Meinung Gesetze erlassen?

(3) Wie sollen sich die Untertanen verhalten?

Ludwig XIV. will als absoluter Herrscher regieren

Im Jahre 1661 übernahm Ludwig XIV. die Regierung in Frankreich. Er wollte ein solcher König werden, wie Bodin geschrieben hatte. Er wollte allein, unkontrolliert und uneingeschränkt (absolut) herrschen. Er wollte der mächtigste König in Europa werden und Frankreich zum reichsten Land und zur führenden Großmacht in Europa machen.
Bei seinem Regierungsantritt erklärte er: Ich brauche keinen Premierminister mehr; wenn ich Rat brauche, suche ich mir die Berater selbst aus. Im ganzen Land gilt nur noch mein Wille, nur das, was ich unterschrieben habe.

„Überall herrscht Unordnung"

Diese Aussage machte Ludwig XIV. in seinen Lebenserinnerungen über den Zustand in Frankreich bei seinem Regierungsantritt. Er meinte damit vor allem:

- dass viele adelige Großgrundbesitzer, viele Bischöfe und Städte sich auf alte Vorrechte beriefen und ihre Angelegenheiten selbstständig entscheiden wollten;
- dass die Provinzgouverneure aus dem Hochadel mehr für die Interessen ihrer Standesangehörigen als für die Interessen des Königs sorgten;
- dass die Ständeversammlungen in den Provinzen darüber bestimmten, ob dem König Steuern gezahlt werden sollten.

(4) Welche Ziele setzte sich Ludwig XIV.? ____________________

Der König beruft Minister aus dem Bürgerstand

Ludwig XIV. tat für die damalige Zeit etwas Ungewöhnliches. Er berief als seine engsten Mitarbeiter Männer aus dem Bürgerstand; er machte sie zu Ministern. Die Minister mussten für die Durchführung seiner Anordnungen sorgen. Colbert, der Sohn eines Tuchhändlers, bekam das wichtigste Amt; er wurde Finanzminister.

(5) Worin bestand das Ungewöhnliche bei der Ernennung von Ministern? ____________________

Intendanten verwalten die Provinzen

Der König enthob die adeligen Provinzgouverneure ihres Amtes. Er setzte als Verwalter der Provinzen 30 Intendanten als Oberbeamte ein. Diese wiederum beriefen Mitarbeiter, die als Beamte dafür zu sorgen hatten, dass die Weisungen des Königs überall ausgeführt wurden. Wer sich den Anordnungen des Königs widersetzte, musste mit schwerer Strafe rechnen. So führte der König durch seine Beamten eine straffe, einheitliche Verwaltung ein.
In der Ernennungsurkunde des Königs für einen Intendanten heißt es:

> *„Wir haben Euch zum Intendanten der Justiz, der Polizei und der Finanzen ... ernannt ... In dieser Eigenschaft habt Ihr ... an den Versammlungen der Stände und Gemeinden teilzunehmen, an allen Sitzungen der königlichen Gerichte der besagten Provinz den Vorsitz zu führen ... zu untersuchen, ob unsere Beamten ihre Pflicht in der Ausübung und Verrichtung ihres Amtes erfüllen; die Klagen unserer Untertanen anzuhören ..., den Vorsitz in den Dorfversammlungen zu führen ...; über alle Unruhen und geheimen Umtriebe zu berichten, wie auch über den unerlaubten Waffengebrauch und die unerlaubten Versammlungen ... Ihr sollt ... die allgemeine Leitung ausüben bezüglich der Festsetzung, Erhebung und Eintreibung der öffentlichen Steuern ..."*
> *(R. Krebs, Der Europäische Absolutismus, Stuttgart 1971, S. 62, gekürzt)*

(6) Was bewog den König, adelige Gouverneure durch bürgerliche Intendanten zu ersetzen?

____________ fühlen sich ihrem Stand verpflichtet; sie handeln vorwiegend im Interesse ihres Standes.

____________ fühlen sich durch das ihnen übertragene Amt geehrt; sie handeln vorwiegend im Interesse des Königs.

Ergänze: Die Bürgerlichen - Die Adeligen

Das Schloss von Versailles - äußeres Zeichen der Machtfülle des Königs

Ludwig XIV. ließ sich in der Nähe von Paris, in Versailles, einen prunkvollen Herrschersitz erbauen. Hier wohnte die königliche Familie, hier arbeiteten die Minister und eine große Zahl von Beamten und Schreibern.
Zudem berief Ludwig an den Hof viele Adelige, denen er im Lande ihre Ämter und ihren politischen Einfluss genommen hatte. Er verlieh ihnen Titel, Ehrenämter und Ehrengehälter. So erhielten die Adeligen zwar neue Aufgaben, wurden aber immer mehr von der Gunst des Königs abhängig und politisch machtlos. Ludwig ließ auch Maler, Bildhauer, Dichter, Musiker und Gelehrte an seinen Hof holen. Theaterspiele, Konzerte, Hofbälle ließen das Hofleben glanzvoll erscheinen.
Unter den 3 000 Bediensteten sorgten allein 338 Köche für die Bewohner dieser riesigen Schlossanlage.

(1) Was findest du im Lexikon über das Versailler Schloss, das dir noch interessant erscheint?

(2) Das Schloss in Versailles sollte in erster Linie in seiner riesigen Prachtentfaltung die Machtfülle des Königs darstellen. Aber welchen weiteren Zweck verband Ludwig mit diesem glanzvollen Hofleben in seinem Hofstaat?

Der Sonnenkönig

Ludwig XIV. ließ sich aus Gold eine Medaille prägen. Dazu schreibt er in seinen Lebenserinnerungen:

Als Bild wählte ich die Sonne, die nach den Regeln der Wappenkunst das vornehmste Zeichen vorstellt. Sie ist ohne Zweifel das lebendigste und schönste Sinnbild eines großen Fürsten, sowohl deshalb, weil sie einzig in ihrer Art ist, als auch durch den Glanz, der sie umgibt, durch das Licht, das sie den anderen Gestirnen gibt, durch die Wohltaten, die sie überall spendet ... Gott, der die Könige über die Menschen gesetzt hat, wollte, dass man sie als seine Stellvertreter achte ... Es ist sein Wille, dass, wer als Untertan geboren ist, willenlos zu gehorchen hat."

(Ludwig XIV., Memoiren, Basel/Leipzig 1931; zitiert nach Zeitaufnahme, 2. Band, Braunschweig, 1979, S. 43, gekürzt)

(3) Was wollte Ludwig XIV. mit dieser Medaille zum Ausdruck bringen?

Der Staat lenkt die Wirtschaft

Die Ausgaben des Staates wuchsen; die Einnahmen reichten nicht mehr aus. Colbert, der Finanzminister Ludwigs XIV., musste neue Einnahmequellen erschließen:

Indirekte Steuern

Die direkten Steuern wurden von den Untertanen, die dem 3. Stand angehörten, gezahlt. Die Höhe dieser Steuern richtete sich nach dem Besitz und nach dem Einkommen. Zusätzlich erfand man eine Steuer, die auf viele Waren gelegt und vom Käufer mit dem Kaufpreis gezahlt wurde, ohne dass er es merkte. Mit solchen Steuern wurden z.B. Salz, Seife, Branntwein und Tabak belegt.

Diese Form der indirekten Steuern haben alle Staaten übernommen und bis heute beibehalten.

Einfuhr - Ausfuhr

Damit der Staat zu mehr Geld kam, sollte möglichst wenig Geld ins Ausland abfließen, aber möglichst viel Geld aus dem Ausland hereingeholt werden. Das sollte durch folgende staatliche Maßnahmen erreicht werden:

a) Fertigwaren
   Waren, die bisher aus dem Ausland eingeführt wurden, sollten nun im eigenen Land hergestellt werden. Für neue Gewerbezweige wurden Handwerker im Ausland angeworben. Die Einfuhr von Fertigwaren aus dem Ausland wurde durch hohe Zölle erschwert.

b) Rohstoffe
   Die Ausfuhr von Rohstoffen wurde verboten; dagegen wurde die Einfuhr von Rohstoffen gefördert. Je billiger die Rohstoffe waren, umso billiger konnten Fertigwaren erstellt werden. So spielten die Kolonien eine entscheidende Rolle; je größer der Besitz an Kolonien war, umso mehr Rohstoffe konnten billig ins Mutterland eingeführt werden. Deshalb wurde auch die Handels- und Kriegsflotte für den Überseehandel mit den Kolonien in Nordamerika und in Afrika verstärkt.

Manufakturen

Die Handwerker arbeiteten bisher auf Bestellung. So stellte der Schneider z.B. nicht viele Anzüge für den Verkauf her, sondern fertigte immer nur den Anzug an, den ein Kunde zuvor bestellt hatte. Nun sollte die Produktion von Gütern, vor allem für den Export, gesteigert werden. Das war mit dieser überlieferten Arbeitsweise nicht möglich. So entstanden vielerorts staatliche und private Betriebe, in denen schneller und billiger produziert werden konnte. In diesen Betrieben arbeiteten viele Menschen zusammen, oft hunderte. Der Arbeitsvorgang war in Teile aufgegliedert. So führte jeder in diesem arbeitsteiligen Verfahren immer nur den gleichen Teilvorgang an der Fertigstellung eines Werkstückes aus. Solche Betriebe wurden Manufakturen genannt.

Transportwege

Damit Rohstoffe und Fertigwaren schneller und billiger befördert werden konnten, ließ der Staat neue Straßen und Kanäle bauen.

Eine so vom Staat gelenkte Wirtschaft nennt man Merkantilismus.

Merkantilismus - die Wirtschaftsform des Absolutismus

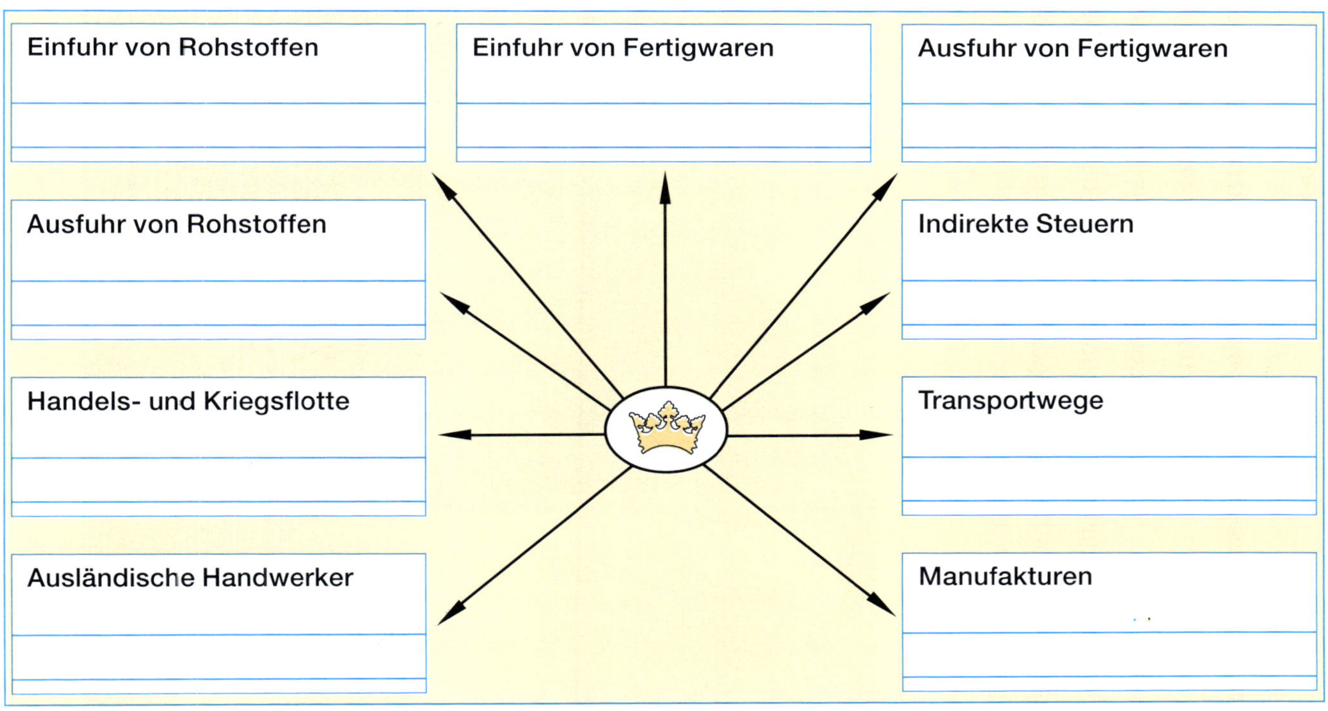

(1) Schreibe in Stichworten die Maßnahmen des absolutistischen Staates in den Bereichen, die im Schaublock angegeben sind.

Wie in einer Manufaktur arbeitsteilig produziert wurde

Manufaktur zur Herstellung von Rasiermessern, Paris 1783

Das Bild zeigt, wie in einer Manufaktur der Arbeitsvorgang bei der Produktion großer Stückzahlen aufgeteilt ist.

1. In einer Kiste sind Rohlinge bereitgestellt.
2. Ein Schmied macht Rohlinge im Schmiedefeuer glühend.
3. Ein Schmied bearbeitet auf dem Amboss einen Rohling.
4. Ein Kind sammelt die geschmiedeten Rasiermesser mit einer Zange auf.
5. Kinder führen an Schleifsteinen den Grobschliff aus.
6. Die Schleifsteine werden von Männern an großen Schwungrädern angetrieben.
7. Männer und Frauen führen an Schraubstöcken den Feinschliff aus.
8. Männer bedienen die Blasebälge für die Schmiedefeuer.
9. Packer und Packerinnen stapeln die fertigen Produkte.
10. Staatliche Aufseher sprechen mit dem Meister. Sie kontrollieren den Großbetrieb.

(1) Übertrage die Ziffern in das Bild. (2) Berichte im Zusammenhang über den Arbeitsablauf in dieser Manufaktur.

Um die Vorherrschaft in Europa

Ludwig XIV. wollte Frankreich zur führenden Macht in Europa machen. Um dieses Ziel zu erreichen wollte er nicht nur die Macht der Habsburger entscheidend schwächen, sondern auch England und die unabhängigen Niederlande, die unangefochten den Seehandel beherrschten (s. dazu die Karte auf S. 38).

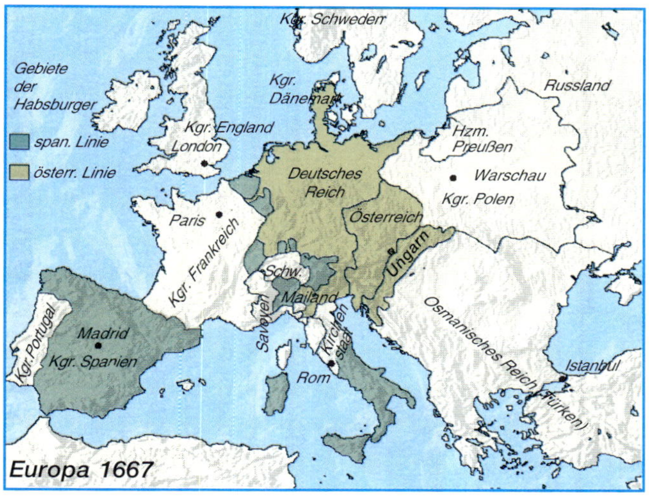

Europa 1667

Nach dem Tode Karls V. hatten die Habsburger ihre Hausmacht in eine spanische und in die österreichische Linie aufgeteilt. Der deutsche Kaiser gehörte der österreichischen Linie an. Dadurch hatte Frankreich mit beiden Linien dieser Fürstenmacht Habsburg an seinen Grenzen Berührung.

1. Benenne den Herrschaftsbereich der österreichischen Linie der Habsburger.

___

___

2. Benenne Habsburger Gebiete der spanischen Linie.

___

___

___

3. Wer beherrschte z. Zt. Ludwigs XIV. den Seehandel?

___

Stehendes Heer - Kriegsflotte

Um die Macht der Habsburger brechen zu können schuf Ludwig XIV. eine jederzeit einsatzbereite, schlagkräftige Armee, ein „stehendes Heer". Er hielt seine Soldaten auch in Friedenszeiten unter Waffen. Er ließ sie in Kasernen unterbringen und gab ihnen einheitliche Uniformen und gleiche Waffen. Staatliche Betriebe mussten z. B. Waffen, Uniformen und Schuhwerk in großer Zahl herstellen. An den Grenzen des Landes wurden starke Festungen errichtet. Große Vorräte an Waffen, Munition und Lebensmittel lagerten dort, bereitgestellt für den Kriegsfall.

Damit aber auch eigene Untertanen für die Landwirtschaft und für das Handwerk als Arbeitskräfte zur Verfügung standen, wurden zusätzlich im Ausland Soldaten angeworben. Das Heer Frankreichs war größer und besser gerüstet als das eines jeden anderen Landes in Europa.
Um England und den unabhängigen Niederlanden die Vormacht im Seehandel streitig machen zu können, baute Ludwig XIV. die Kriegsflotte und die Handelsflotte aus.

4. Warum unterhielt Ludwig ein stehendes Heer, obgleich es laufend hohe Kosten verursachte?

___

___

5. Warum baute Ludwig seine Handels- und Kriegsflotte aus?

___

___

Viele Kriege

Ludwig XIV. fiel in die spanischen Niederlande ein, griff die unabhängigen Niederlande (Holland) und England an und kämpfte vor allem gegen Spanien und gegen den deutschen Kaiser.

Den Rhein betrachtete er als die natürliche Grenze Frankreichs. Deshalb versuchte er immer wieder die Grenzen Frankreichs weiter nach Norden und Osten vorzuschieben.

Um die Macht des Kaisers entscheidend zu schwächen verband sich Ludwig zeitweilig mit den Türken, die mit einem großen Heer auf Wien vorrückten.
Im Laufe der Jahre wurden die Kriegssteuern unerträglich. Viele Menschen litten unter Hunger und Verzweiflung.
Am Ende der vielen Kriege blieb Frankreich zwar der mächtigste Staat auf dem Festland, war aber hoch verschuldet und hatte die Vorherrschaft über die anderen Staaten Europas nicht erreichen können.

6. Welche Auswirkungen hatten die vielen Kriege, die Ludwig XIV. geführt hat?

___

___

Wie erging es den Menschen unter Ludwig XIV.?

Ludwig XIV. betrachtete sich als Herrscher von Gottes Gnaden. Er vereinigte alle Macht in seinen Händen: Er erließ Gesetze; er konnte uneingeschränkt über neue Steuern, die Erhöhung von Steuern sowie über Krieg und Frieden entscheiden. Die aufwendige Hofhaltung, das stehende Heer, die zentrale Verwaltung des Staates und die vielen Kriege erforderten riesige Geldsummen. Die Hauptlast an Abgaben und Steuern hatten die Angehörigen des 3. Standes zu tragen, da die Angehörigen des Adels und der höheren Geistlichkeit weitgehend von Steuern und Abgaben frei waren. Andererseits hatten aber die Angehörigen des 3. Standes keinerlei politische Rechte.

Zudem hatte Ludwig XIV. das Edikt von Nantes (s. S. 40) aufgehoben und die katholische Religion zur Staatsreligion erklärt. Danach wurden die Andersgläubigen verfolgt. Viele, die sich diesem Zwang nicht beugen wollten, flohen ins Ausland.

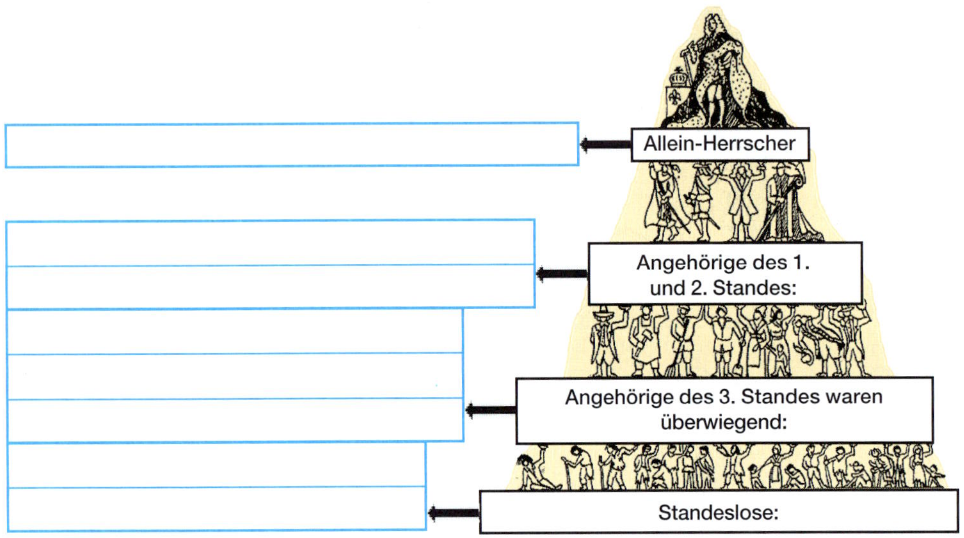

① Ergänze den Text in der Ständepyramide.
(König - Adel u. höhere Geistliche - Bauern, Handwerker, Kaufleute - Tagelöhner und Bettler)

② Was könnte auf den Transparenten gestanden haben, wenn die Menschen im Zeitalter des Absolutismus die Freiheit gehabt hätten zu demonstrieren? (Lies zuvor auch den Quellentext.)

Ein französischer Adeliger berichtet: „Die großen Landstraßen und die Straßen der Städte und Flecken sind voller Bettler, die Hunger und Entblößung von zu Hause fortgetrieben haben. Durch die Untersuchungen, die ich habe machen können, habe ich sehr wohl bemerkt, dass in dieser letzten Zeit beinahe ein Zehntel der Bevölkerung bis zur Bettelhaftigkeit verarmt ist und tatsächlich bettelt ... Ich fühle mich verpflichtet Eurer Majestät vorzustellen, dass man zu wenig Rücksicht auf die kleinen Leute genommen hat. Der elendste Teil des Volkes ist es, der alle Lasten trägt, der immer gelitten hat ...

„(Zitiert nach Werner Loch: Vom europäischen Absolutismus zum Zeitalter Napoleons, Limburg 1978, S. 57)

③ Versuche zu erklären, warum in Frankreich zur Zeit Ludwig XIV. die Zahl der völlig Verarmten auf ein Zehntel der Gesamtbevölkerung angestiegen ist. Gib in Stichworten Gründe an.

Quellentexte zu Ludwig XIV.

Ludwig XIV. hat seine Erinnerungen aufgeschrieben. Lies die beiden Auszüge aus seinen Erinnerungen.

1. „Ich bin über alles unterrichtet, höre auch meine geringsten Untertanen an, weiß jederzeit über Stärke und Ausbildungsstand meiner Truppen und über den Zustand meiner Festungen Bescheid, gebe unverzüglich meine Befehle zu ihrer Versorgung, verhandle unmittelbar mit den fremden Gesandten, empfange und lese die Depeschen und entwerfe teilweise selbst die Antworten, während ich für die übrigen meinen Sekretären das Wesentliche angebe.
Ich regele Einnahmen und Ausgaben des Staates und lasse mir von denen, die ich mit wichtigen Ämtern betraue, persönlich Rechnung legen; ich halte meine Angelegenheiten so geheim, wie das kein anderer vor mit getan hat, verteile Gnadenerweise nach meiner Wahl ..."
(Zitiert nach: Zeitaufnahme, 2. Band, Braunschweig 1979, S. 43)

2. „Bedenken Sie aber die großen Vorteile, die mir diese Beschäftigung eintrug: die Erleichterungen, die ich jedes Jahr meinen Untertanen zukommen lassen konnte, die vielen Schulden, von denen ich den Staat befreit habe, die vielen armen Arbeiter, denen ich durch Beschäftigung bei meinen Bauten Nahrung gab, die Belohnungen, die ich verdienstvollen Personen zukommen ließ, die Unterstützungen mit Truppen und Geld für meine Verbündeten. Bedenken Sie, dass ich Festungen durch Kauf erwerben konnte, dass ich überall, wo man mir meine Rechte streitig machte, mich behaupten und meinen Besitz sichern konnte, ohne dass ich dabei jemals in die Notlage geraten wäre meine Untertanen mit außerordentlichen Steuern zu belasten, so werden sie sicherlich zu der Überzeugung gelangen, dass diese Arbeitsleistungen mir große Freude bereiteten, da sie für meine Untertanen so fruchtbringend waren."
(Aus: Ludwig XIV., Memoiren, ... zitiert nach Krebs, R. Der europäische Absolutismus, a. a. O., S. 83) - überarbeitet

1 Wie stellt sich der König in Quellentext 1 selbst dar?

2 Wie wertet der König die Wirkung seiner Regierungsweise für sein Volk in Quellentext 2?

Ein Zeitgenosse Ludwigs, der Herzog Saint-Simon, schreibt über Ludwig:

3. „Sein Geist hatte einen angeborenen Sinn für das Kleine. Infolgedessen gefiel sich der König in allerlei Nebensachen. Allezeit interessierten ihn an seinen Soldaten die Details der Uniform, Ausrüstung, Bewaffnung, Ausbildung, Disziplin. Ebenso war er ein Kleinigkeitskrämer in seinen Bauten, seinem Hofstaat, sogar in den Angelegenheiten seiner Küche. Immer und überall bildete er sich ein Fachmenschen belehren zu können. Allerdings nahmen diese Leute seine Belehrungen an, als seien sie Neulinge in Dingen, mit denen sie seit Jahren vertraut waren ...
In allem liebte er Glanz, Verschwendung, Fülle. Es war wohl berechnet, dass er die Sucht, ihm hierin nachzueifern, in jeder Weise begünstigte. Er impfte sie seinem ganzen Hofe ein. Wer alles draufgehen ließ für die Küche, Kleidung, Wagen, Haushalt und Spiel, der gewann sein Wohlwollen.
Um solcher Dinge wegen redete er die Leute an. Indem er so den Luxus gewissermaßen zur Ehrensache und für manche zur Notwendigkeit machte, richtete er nacheinander alle zu Grunde, bis sie schließlich einzig und allein von seiner Gnade abhingen. So befriedigte er seinen Hochmut und seinen Ehrgeiz ..."
(Krebs, R. Der europäische Absolutismus, a. a. O., S. 72f)

Fénélon, Erzbischof von Cambrai und Erzieher der Enkel Ludwig XIV., schreibt in einem Brief an den König um 1695:

4. „Ihre Einnahmen und Ausgaben sind ins Unendliche gewachsen. Man hat Ihre Macht auf dem Verfall aller Stände ... aufbauen wollen, gerade als ob Sie dadurch groß werden könnten, dass Sie Ihre Untertanen erniedrigten ... Man hat Ihren Namen verhasst und das ganze französische Volk all unsern Nachbarn unerträglich gemacht ... Seit mehr als 20 Jahren sind wir die Ursachen blutiger Kriege ... Das Bedürfnis, die Grenzen zu sichern, gibt uns noch keinen Rechtsgrund unserem Nachbarn sein Land zu rauben ... Das Volk selber fängt an ... die Verehrung für Sie zu verlieren. Ihre Siege ... sind ihm kein Fest mehr ..., vielmehr zündet nach und nach in allen Teilen des Landes der Funke des Aufruhrs ... Sie haben für nichts Augen als für Ihren Ruhm und ihren Vorteil ..., als wären Sie der Gott dieser Erde und als ob alles Übrige nur dazu geschaffen wäre ihnen aufgeopfert zu werden."
(Fénélon, Œuvres, hrsg. von L. Aimé-Martin. Bd. 3, Paris 1861, S. 425 ff, zitiert nach Schmid: Fragen an die Geschichte, Band 3, S. 26)

3 Lies den Quellentext Nr. 3 in dem ein Zeitzeuge über das Verhalten des Königs berichtet. Welchen Eindruck gewinnst du nun von Ludwig XIV.?

4 Lies den Quellentext Nr. 4. Welche Vorwürfe erhebt der Erzbischof Fénélon gegen den König?

Wenn man Quellentexte liest, muss man bei der Wertung Folgendes bedenken:

a) Wer hat den Text geschrieben?

b) Für wen ist der Text geschrieben worden?

c) Mit welcher Absicht ist der Text geschrieben worden?

5 Wo findest du in unserer Zeit Beispiele dafür, dass politische Maßnahmen unterschiedlich beurteilt werden?

Der absolut herrschende König - Vorbild für viele Fürsten

Residenz der Fürstbischöfe in Würzburg.

Potsdam bei Berlin.

Nymphenburg, erbaut für den bayerischen Kurfürsten.

Viele Fürsten in Europa, vor allem auch in Deutschland nahmen sich Ludwig zum Vorbild.
In jedem weltlichen und geistlichen Fürstentum, in jedem Ländchen strebten die Fürsten danach so prunkvoll und absolut zu herrschen wie Ludwig XIV. Sie ließen sich im Barockstil prunkvolle Schlösser erbauen und große Parkanlagen erstellen; sie holten Künstler, Dichter und Gelehrte an ihren Hof; sie veranstalteten Theateraufführungen, Konzerte und Bälle. Nicht nur das prunkvolle Hofleben Ludwigs XIV. wurde nachgeahmt, auch die französische Sprache wurde übernommen. Wer sich für vornehm hielt, sprach französisch.

Schattenseiten des prunkvollen Hoflebens

Der Prunk kostete viel Geld. Dieses Geld mussten vorwiegend die Bauern und Bürger aufbringen, die unter der wachsenden Last an Steuern und Abgaben stöhnten.
Viele Fürsten versuchten auch durch Kriege ihren Besitz zu erweitern.
Einige Fürsten verschafften sich auf ganz schmachvolle Weise zusätzlich Geld. Sie ließen in ihrem Land junge Männer gefangen nehmen und kurz als Soldaten ausbilden. Dann wurden diese Männer unter strenger Aufsicht verladen und wie Sklaven an die Engländer verpachtet. Sie mussten für die Engländer in den englischen Kolonien in Nordamerika kämpfen.

(1) Erzähle zu den Bildern. Welche Schlösser aus dieser Zeit kennst du in Deutschland?

(2) Welche der unter „Schattenseiten“ genannten Handlungsweisen erscheint dir am verwerflichsten? Rahme den Abschnitt ein.

(3) Es gibt auch heute noch viele französische Wörter in unserem Sprachgebrauch:

1. Cousine, 2. Portemonnaie, 3. Parterre, 4. Etage, 5. Tour, 6. Turnier, 7. Mansarde, 8. Restaurant, 9. Baguette

(4) Was ist mit diesen Lehnwörtern gemeint?

1. Tochter von Onkel oder Tante
2. ______
3. ______
4. ______
5. ______
6. ______
7. ______
8. ______
9. ______

Preußen wird Großmacht

Kurfürstentum Brandenburg - Königreich Preußen

Das Kernland des Königreichs Preußen war das Kurfürstentum Brandenburg. Der Kurfürst von Brandenburg herrschte nach dem Dreißigjährigen Krieg außer über Brandenburg über weit verstreut liegende Gebiete, die durch Erbverträge oder Kriege gewonnen worden waren.
Ein großer Zugewinn war das Herzogtum Preußen, das ehemalige Gebiet des deutschen Ritterordens.

Seit 1701 nannten sich die Herrscher in Brandenburg - Preußen König

Wie viele Fürsten ahmten auch die Herrscher in Preußen Ludwig XIV. nach. Sie waren vor allem auf Stärkung ihrer Macht bedacht und strebten den Zusammenschluss ihrer verstreut liegenden Landesteile an. Deshalb galt ihre erste Sorge dem Aufbau und der Ausrüstung eines großen stehenden Heeres. Friedrich II. (1740-1786) machte Preußen zur Großmacht. Er führte allein zur Eroberung der reichen Provinz Schlesien unter dem Vorwand ungeklärter Erbrechte drei Kriege gegen Österreich.

(1) Orientiere dich an der Karte und male den verstreut liegenden Herrschaftsbereich Brandenburg - Preußens um die Zeit von 1648 gelb aus.

(2) Male grün aus, um welche Gebiete das Königreich Preußen unter Friedrich II. erweitert worden ist.

Der Adel - Stütze der Macht des Herrschers

Die preußischen Könige stützten sich beim Ausbau ihrer Militärmacht auf den preußischen Adel. Nur Adelige konnten Offiziere werden. Der Offiziersstand wurde zum angesehendsten Stand in Preußen.
Um den Adel für sich zu gewinnen bestätigten sie den Adeligen alle überlieferten Vorrechte, die sie als Grundherren genossen, z.B.: das Jagdrecht, das Fischrecht.
Sie durften aber nicht das Land verlassen. Wer aus Preußen wegzog, verlor Hab und Gut.
Als Friedrich II. die Leibeigenschaft aufheben wollte, erhob der Adel heftigen Einspruch. Der König gab nach und ließ die Leibeigenschaft bestehen. Er kürzte lediglich die Anzahl der Tage, an denen Frondienst zu leisten war.

(3) Kreuze die richtige Aussage an.

- ☐ In Preußen konnten Adelige und Bürgerliche Offiziere werden.
- ☐ In Preußen konnten nur Adelige Offiziere werden.
- ☐ Friedrich II. hob die Leibeigenschaft auf.
- ☐ Friedrich II. gab dem Widerstand des Adels nach und beließ es bei der Leibeigenschaft.

Preußischer Drill

Zwei Drittel der Soldaten waren Landeskinder, die übrigen waren angeworben worden, oft mit Gewalt. Ausbildung, Zucht und Disziplin im preußischen Heer waren hart. „Preußischer Drill“ war berüchtigt. Verstöße gegen die eiserne Disziplin wurden zur Abschreckung grausam bestraft.

Ein Schweizer Bauernjunge, der aus der preußischen Armee geflohen war, berichtete von seinen Erlebnissen:
„Bald alle Wochen hörten wir ... neue ängstigende Geschichten von eingebrachten Deserteurs, die, wenn sie noch so viel List gebraucht, sich in Schiffer oder andere Handwerksleute oder gar in Weibsbilder verkleidet, in Tonnen oder Fässer versteckt ..., dennoch ertappt wurden. Da mussten wir zusehen, wie man sie durch 200 Mann, achtmal die lange Gasse auf und ab Spießrutenlaufen ließ, bis sie atemlos dahinsanken - und des folgenden Tages aufs neue dran mussten; die Kleider ihnen vom zerhackten Rücken heruntergerissen und wieder frisch drauflos gehauen wurde, bis Fetzen geronnenen Bluts ihnen über die Hosen hinabhingen ...“
(Ulrich Bräker, Lebensgeschichte ..., 1789, München 1965, S. 101f)

(4) Was wollte man mit der Strafe des Spießrutenlaufens erreichen?

____

____

Preußen auf dem Weg zum modernen Verwaltungsstaat

Beamte sorgen für eine einheitliche Verwaltung

Die preußischen Herrscher haben im ganzen Land, auch in den neu erworbenen Landesteilen die Vorrechte der Stände aufgehoben; das geschah oft mit Waffengewalt. Die Stände waren dadurch von der Selbstverwaltung oder Mitverwaltung ihrer Angelegenheiten ausgeschlossen. Überall sollte nur noch der Wille des Königs herrschen. Deshalb wurden überall königliche Beamte eingesetzt, die für eine einheitliche Verwaltung in allen Landesteilen sorgen mussten. Auch beim Aufbau dieser Beamtenschaft stützte sich der König auf den Adel, indem er die höchsten Beamtenstellen nur mit Adeligen besetzte. Die Beamten durften nicht mehr wie früher in dieser Stelle ihren persönlichen Vorteil sehen; sie mussten nach den strengen Weisungen des Königs ausschließlich für das Wohl des Staates arbeiten und durften deshalb keine Nebenbeschäftigung betreiben. Wer sich in seinen Amtsgeschäften durch Geld oder Geschenke bestechen ließ, wurde vom König hart bestraft.

Die preußischen Beamten wurden nicht in den Landesteilen eingesetzt, aus denen sie stammten, sondern in fremden Landesteilen.

(1) Lies die Quellentexte oben rechts und unterstreiche Übereinstimmungen mit dem vorstehenden Text.

Aus dem Gesetz über die Rechtsverhältnisse der Mitglieder der Bundesregierung, 1953

„§ 5: Die Mitglieder der Bundesregierung dürfen neben ihrem Amt kein anderes besoldetes Amt, kein Gewerbe und keinen Beruf ausüben.“

(E. Forsthoff, Öffentliches Recht, Stuttgart 1956, S. 187)

Aus dem Bundesbeamtengesetz, 1953:

„§ 70: Der Beamte darf ... Belohnungen und Geschenke in Bezug auf sein Amt nur mit Zustimmung der obersten ... Dienstbehörde annehmen.“

(E. Forsthoff, Öffentliches Recht, Stuttgart 1956, S. 347 f.)

(2) Kreuze an, warum der König die Beamten nicht in den Landesteilen einsetzte, aus denen sie kamen.

- ☐ Die Beamten sollten andere Landschaften kennen lernen.
- ☐ Die Beamten sollten nicht in die Versuchung kommen Bekannten oder Verwandten gegenüber nachsichtiger zu sein oder ihnen Vorteile zukommen zu lassen.
- ☐ Fremde Menschen versuchen nicht so leicht, einen ihnen unbekannten königlichen Beamten zu bestechen.

Beamte sorgen für das Wachstum der Wirtschaft

Um die Einnahmen des Staates zu erhöhen wurden von Frankreich die Form der indirekten Steuer und die Wirtschaftsform des Merkantilismus (siehe Seite 47) übernommen. Da der Staat umso mehr Einnahmen hat, je besser die Wirtschaft funktioniert, sollten Beamte auch das Wachstum der Wirtschaft fördern.

Der König gab deshalb Beamten u.a.folgende Aufträge:

Aufträge	Maßnahmen
1. Vermehrung der Produktion von Fertigwaren ○	○ durch Trockenlegung von Sümpfen und Eindeichungen von Flüssen.
2. Gewinnung von neuem Acker- und Siedlungsland ○	○ durch den Ausbau der Manufakturen.
3. Förderung des Transport- und Verkehrswesens ○	○ durch den Anbau der aus Amerika eingeführten Kartoffeln, da von der Kartoffelernte doppelt so viele Menschen ernährt werden können wie von dem Getreide einer gleich großen Anbaufläche.
4. Vermeidung von Hungersnöten ○	○ durch den Bau von Straßen, Kanälen und Brücken.

(3) Verbinde die Aufträge mit den entsprechenden Maßnahmen.

Gleiches Recht für alle

Im einheitlich verwalteten Staat sollte auch einheitlich Recht gesprochen werden. Deshalb gab Friedrich II. den Auftrag ein Gesetzbuch zu erstellen.

Unabhängige Richter

Er begründete die Unabhängigkeit der Richter dadurch, dass er als Herrscher auf einen Eingriff in Gerichtsverfahren verzichtete.

Schulen für alle

Friedrich II. ordnete an, dass in den Städten und auch auf dem Lande Schulen errichtet werden sollten. Das war der Anfang der allgemeinen Schulpflicht.

(4) Diskutiert, warum das Bedürfnis nach Schulbildung wuchs und welche Gründe wohl Staat und Kirche für eine allgemeine Schulbildung hatten.

Religiöse Toleranz

Friedrich II. sagte: In unserem Land kann jeder nach seiner Fasson selig werden. So flüchteten u. a. viele Hugenotten nach Preußen. Weil sie durchweg gute Handwerker waren, wurden sie in ganz Preußen gern aufgenommen. (Vergleiche mit dem Grundgesetz unserer Bundesrepublik).

Zentrale Behörden

Die unterschiedlichen staatlichen Aufgaben wurden in Zentralbehörden zusammengefasst. So gab es eine Zentralbehörde für die Wirtschaft, eine für das Rechtswesen, eine für das Militärwesen, eine für auswärtige Angelegenheiten, ...

(5) Wie heißen heute in unserem modernen Staat die Zentralbehörden in der Bundesregierung und in der Regierung der Länder?

Vom Absolutismus zum aufgeklärten Absolutismus

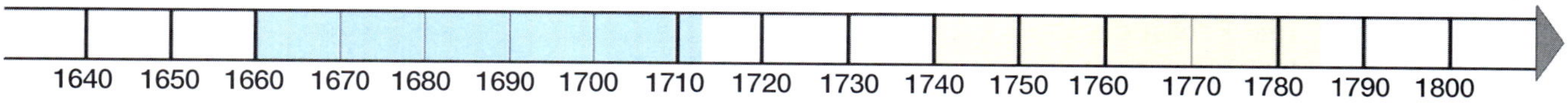

Ludwig XIV. regierte nach dem Leitsatz:

Der Staat bin ich

Friedrich II. regierte nach dem Leitsatz:

Der König ist der erste Diener des Staates

1 Kreuze an, für wen die Aussage zutrifft.

	L. XIV.	Fr. II.
Er holte den Adel an seinen Hof um ihn politisch zu entmachten.	○	○
Er wollte den Adel stark machen und als Stütze seines Staates gewinnen. Darum bestätigte er dem Adel die überlieferten Vorrechte der Grundherren.	○	○

	L. XIV.	Fr. II.
Er setzte als Offiziere und hohe Beamte nur Adelige ein, weil sich der Adel dem Staat besonders verpflichtet fühlen sollte. Die Adeligen sollten es für eine besondere Ehre halten dem Staat dienen zu dürfen.	○	○
Er setzte neben Adeligen viele Bürgerliche als Offiziere ein, weil er von den Bürgerlichen mehr Uneigennützigkeit und Zuverlässigkeit erwartete.	○	○

	L. XIV.	Fr. II.
Er kümmert sich um die Volksbildung und lässt in den Städten und auf dem Lande Schulen errichten.	○	○
Er kümmert sich noch nicht um die Volksbildung.	○	○

	L. XIV.	Fr. II.
Er nimmt für sich das Recht in Anspruch oberster Richter zu sein und in Prozesse einzugreifen.	○	○
Er will unabhängige Richter und Gleichheit vor dem Gesetz für alle und greift nicht in Prozessabläufe ein.	○	○

	L. XIV.	Fr. II.
Er machte die katholische Religion zur Staatsreligion und lässt Andersgläubige verfolgen.	○	○
Er gibt jedem die Freiheit nach seinem Bekenntnis zu leben.	○	○

Die Herrschaftsform Ludwig XIV. nennen wir Absolutismus, die Herrschaftsform Friedrichs II. nennen wir aufgeklärten Absolutismus. Merkmale des aufgeklärten Absolutismus sind:

- Religionsfreiheit,
- Gleichheit vor dem Gesetz,
- unabhängige Gerichtsbarkeit.

2 Rahme die Textblöcke rot ein, deren Aussage dir als Fortschritt für die Bevölkerung erscheint. Sprich auch mit deinem Partner darüber.

3 Begründe deine Entscheidung.

Im preußischen Staat kümmerten sich um nahezu alle Bereiche Beamte. Meinungen und Rat von Bürgern waren nicht gefragt. Sie sollten gehorsame Untertanen sein.

Österreich wird Großmacht im Südosten Europas

Die Karte zeigt die Erblande der österreichischen Habsburger sowie die Besitzungen Böhmen, Schlesien und einen Teil von Ungarn.

(1) Sieh dir die Legende an und male entsprechend die habsburgischen Erblande und die weiteren Besitzungen grün aus.

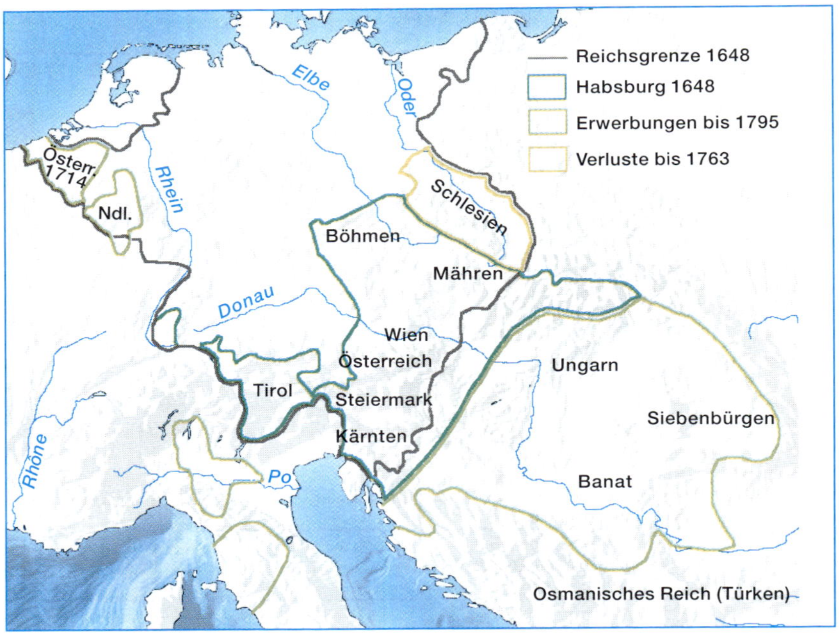

Das Habsburger-Reich wird von den Türken bedroht

Die West- und Mitteleuropäer waren schon im Verlauf der Kreuzzüge mit den Türken zusammengestoßen. Sie wurden aber von den Türken aus dem Heiligen Land verdrängt. Die Türken waren dann weiter vorgedrungen und hatten im Verlauf der nächsten Jahrhunderte den ganzen Balkan in Besitz genommen und ein großes Osmanisches Reich begründet. 1683 belagerten sie Wien. Als Hunger und Seuchen die Lage der Eingeschlossenen unerträglich gemacht hatten, kamen in höchster Not deutsche Fürsten und der Polenkönig mit ihren Heeren den Belagerten zur Hilfe. Die Türken wurden zurückgeschlagen.

(2) Der Herrschaftsbereich der Türken hatte um die Mitte des 17. Jahrhunderts seine größte Ausdehnung erreicht (s. Seite 33). Das Reich der Türken wurde ______________________________ genannt.

Österreich erweitert seinen Herrschaftsbereich

In der Folgezeit wurden unter dem Feldherrn Prinz Eugen ganz Ungarn, der Banat und Siebenbürgen erobert. Durch diese Ausweitung der Grenzen wurde Österreich zur größten Macht im Südosten Europas. Der Kaiser war nun zugleich König von Ungarn. Die neue Großmacht wollte nun auch nach außen ihre Bedeutung zeigen: Im ganzen Land, vor allem in Wien wurden Schlösser gebaut. Künstler und Gelehrte aller Sparten wurden nach Wien gerufen. Die Hauptstadt Wien wurde zum kulturellen Mittelpunkt des deutschen Reiches.

(4) Stelle in der Karte fest, um welche Gebiete Österreich bis 1795 erweitert wurde. Schreibe die Namen dieser Gebiete auf.

____

____

Die Siedlungspolitik Österreichs im Südosten Europas

Prinz Eugen wollte das in vielen Kriegen entvölkerte und verwüstete Ungarn wieder aufbauen und vor allem die Grenzen sichern. Darum ließ er Neusiedler anwerben; diese sollten vorwiegend:

1. Die Grenzen sichern ○	○ durch Bau von Straßen und Kanälen.
2. Neues Ackerland gewinnen ○	○ dadurch, dass im Grenzland jeder Bauer zugleich Soldat sein musste.
3. Den Warenverkehr fördern ○	○ durch Urbarmachung von Ödland und Sümpfen.

(3) Verbinde die Verpflichtungen der Siedler im Grenzbereich mit den auszuführenden Aufgaben.

Auch 100 000 Deutsche halfen in jahrzehntelanger harter Arbeit aus Steppen und Sümpfen eine fruchtbare Getreidelandschaft zu machen: Schwaben im Banat, Sachsen in Siebenbürgen.
Die Deutschen bewahrten 200 Jahre lang in ihren Dörfern ihr heimatliches Brauchtum und ihre Muttersprache, bis der 2. Weltkrieg über sie hereinbrach.

Heute haben deutschstämmige Menschen aus diesen Gebieten die Möglichkeit zur Übersiedlung nach Deutschland.

Polen - einst Großreich, dann zerfallen, aufgeteilt, neu gegründet

Größte Ausdehnung Polens

Im 15. und 16. Jahrhundert war das litauisch-polnische Großreich Führungsmacht in Osteuropa (vergl. Karte S. 47). Im 17. und 18.Jahrhundert aber geriet es in Wirren. Anders als in den Nachbarländern waren die Könige Polens keine absolut regierenden Herrscher. Sie waren abhängig vom polnischen Reichstag, dem Sejm. Mitglieder des Sejm waren ausschließlich adelige Grundherren. Diese hatten das Recht ihren König frei zu wählen. Alle Maßnahmen des gewählten Königs bedurften der einstimmigen Billigung des Reichstages. Der Einspruch eines einzigen Abgeordneten reichte aber aus den Reichstag beschlussunfähig zu machen. Einstimmige Beschlüsse kamen so oft über Jahrzehnte nicht zu Stande. So gerieten die Verhältnisse in dem großen polnischen Reich im Laufe der Zeit immer mehr in Unordnung.

Die Nachbarstaaten Russland, Preußen und Österreich nutzten diese Schwäche Polens; sie besetzten das Land und teilten es nach und nach unter sich auf.

(1) Male die Gebiete der Nachbarstaaten Polens in der oberen Karte aus (Preußen blau, Russland grün, Österreich rot).

Polen nach der I. Teilung 1772

Polen nach der II. Teilung 1793

Polen nach der III. Teilung 1795

(2) Male in den drei Karten die Gebiete aus, die sich Preußen, Russland und Österreich bei den drei Teilungen Polens angeeignet haben. Benutze die Farben wie in der oberen Karte.

(3) Was hat der Preußenkönig Friedrich II. bei der ersten Teilung Polens erreicht?

(4) Welche Staaten haben Polen 1795 völlig unter sich aufgeteilt?

Eine Polin erinnert sich an ihre Schulzeit:
„Am 20. Mai kam der Schulinspektor Winter in die Schule und sagte zu uns: „Ihr seid Deutsche." Darauf riefen wir im Chor: „Wir sind Polen" ... Nach einiger Zeit rief man uns einzeln in eine andere Klasse, wo man uns mit Schlägen bestrafte. Als ich an die Reihe kam, fragte man mich: „Willst du Religion in deutscher Sprache lernen?" Ich antwortete: „Nein." Da schlug mir Lehrer Schoelzchen mit dem Rohrstock aus voller Kraft auf die Handflächen ... Fast zwei Wochen lang konnten die Kinder nicht schreiben, weil sie mit ihren geschwollenen Händen nicht einmal die Feder halten konnten. Doch wir hielten stand im Kampf um die polnische Sprache in der preußischen Schule."
(Leokodia Stankowska. In: K. Staemmler: Polen aus erster Hand, Würzburg 1975, S. 133 f.)

Nach dem 1. Weltkrieg entstand ein neuer polnischer Staat.

(5) Vergleiche die nebeneinander stehenden Karten mit der Karte ganz oben.

Zu Beginn des 2. Weltkrieges (1939) wurde Polen von Hitler und Stalin zwischen Deutschland und der UdSSR aufgeteilt.

Nach dem 2. Weltkrieg entstand die Volksrepublik Polen.

(6) Vergleiche die nebenstehenden Karten. Wie haben sich die Grenzen verändert? (Atlas)

Polen 1921

Polen nach dem 2. Weltkrieg

Obgleich Polen als Staat über mehrere Generationen hin ausgelöscht war, bewahrten die Polen trotz drückender Fremdherrschaft ihre Sprache und ihr Brauchtum. Sie gaben den Willen, wieder einen eigenen Staat zu haben, nie auf.

Russland wird Großmacht

Im 16. und 17. Jahrhundert waren die europäischen Länder in Kriegen um den Glauben und um die Ausdehnung ihrer Macht verstrickt.
Während dieser Zeit entstand im Osten aus dem Großfürstentum Moskau durch Ausdehnung nach Osten ein großes russisches Reich. Mit der Ausdehnung über ganz Nordasien schuf Russland die Voraussetzung für die heutige Stellung als Weltmacht.

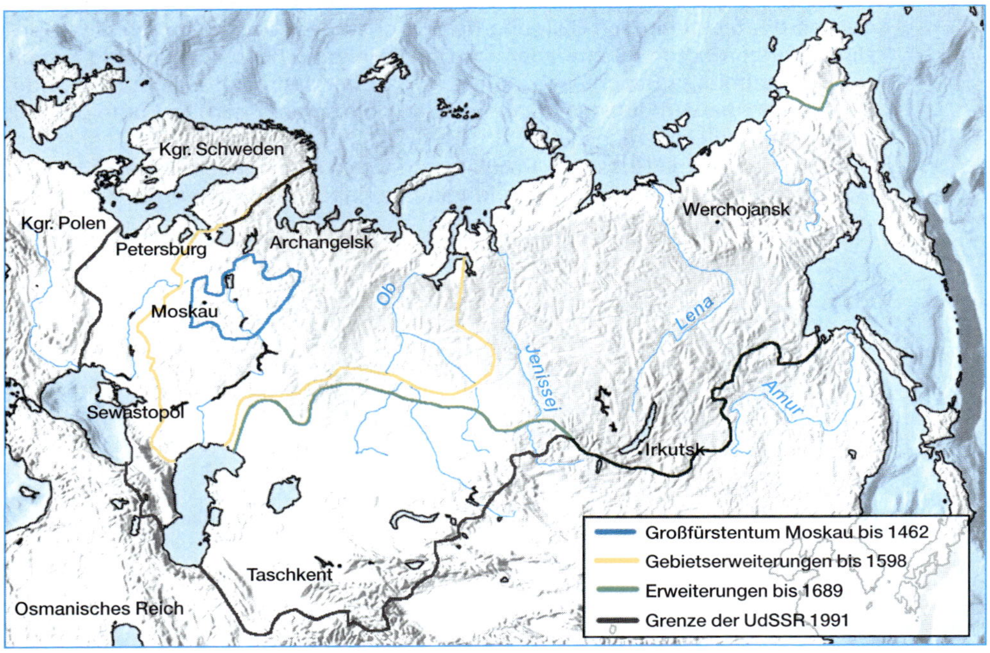

(1) Sieh dir die Legende an und stelle fest, wie Russland sich ausgedehnt hat.
(2) Male dann die Fläche des größer werdenden Reiches aus: Großfürstentum Moskau (blau), Gebietserweiterungen bis 1598 (gelb), bis 1689 (grün), bis heute (rot). Russland ist heute der größte Flächenstaat. Er umfasst 22 Mio. Quadratkilometer; die Bundesrepublik Deutschland umfasst ca. 25 000 Quadratkilometer.

Bis vor 300 Jahren hatte Russland kaum Berührung mit dem Westen. Und in Westeuropa wussten die Menschen kaum etwas über die Verhältnisse in Russland. Zaren hatten zwar schon zu jener Zeit Fachleute in ihr Land geholt; diese „Ausländer" aber durften nur in den Vorstädten Moskaus wohnen. Den Russen war die Verbindung mit ihnen untersagt. Russen durften auch nicht ins Ausland reisen, zumal für die orthodoxen Russen die katholischen und die evangelischen Christen als Ketzer galten.

Die deutsche Vorstadt

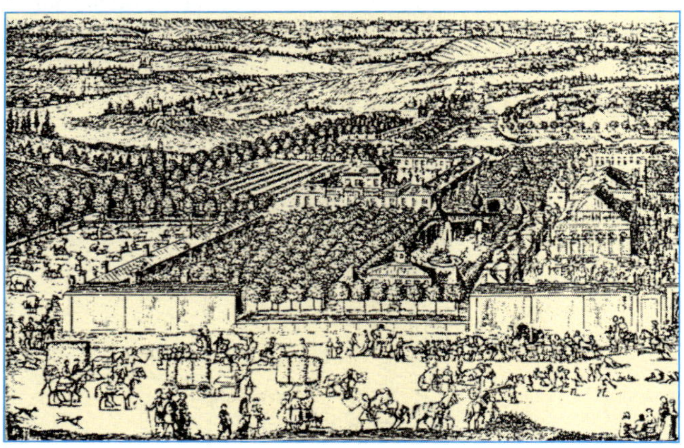

Das Bild zeigt die deutsche Vorstadt von Moskau. Die Vorstadt hatte um 1700 ca. 15 000 Einwohner. Es waren überwiegend Ingenieure, Handwerker, Ärzte, Apotheker, Künstler und Gelehrte.

(3) Russland dehnte zunächst seinen Machteinfluss vorwiegend nach Osten aus. Ergänze:

Das damalige Russland hatte um 1700 keinen Zugang ______________ und keinen Zugang ______________.
Die Häfen ______________ waren nur während einer kurzen Zeit des Jahres benutzbar.
Die Ausdehnung nach Nordwesten verhinderte
____
Die Ausdehnung nach Westen verhinderte
______________.
Die Ausdehnung nach Südwesten verhinderte
______________.

Verwende (das Königreich Polen, das Königreich Schweden, das Osmanische Reich, zur Ostsee, am Eismeer, zum Mittelmeer)

Russische Architekten und Stadtplaner nahmen sich vielfach diese deutsche Vorstadt zum Vorbild.

(4) Versuche das zu begründen.

Der Zar Peter der Große (1694-1725) hat sich als Kind und Jugendlicher trotz des Verbots oft in der deutschen Vorstadt aufgehalten um viele handwerkliche Fertigkeiten kennen zu lernen.

Peter der Große führt eine Wende ein

Zar Peter der Große studiert Westeuropa

Als junger Zar bereiste Peter westeuropäische Länder. Er setzte sein Lernen fort, das in der deutschen Vorstadt Moskaus begonnen hatte. Er wollte Russland aus seiner Abgeschlossenheit herausführen und nach europäischem Vorbild zu einer Großmacht machen. Er wollte am gewinnbringenden See- und Welthandel teilhaben. Dazu brauchte Russland einen eisfreien Seehafen.

Peter der Große

In einem lang andauernden Krieg gegen Schweden gewann Peter den Zugang zur Ostsee. Er ließ an der Ostsee im Mündungsgebiet der Newa eine große Hafenstadt errichten: Petersburg. Petersburg wurde zugleich die neue Hauptstadt Russlands.

Neuerungen nach westlichem Vorbild:

Ziele

- Stärkung der Macht des alleinherrschenden Zaren ○
- Vermehrung der Staatseinnahmen (Steuern) ○
- Förderung der Produktion an Waren ○
- Vermehrung der Staatseinkünfte aus der Wirtschaft ○
- Förderung des Binnenhandels ○
- Teilnahme am See- und Welthandel ○

Maßnahmen

- ○ durch Bau von Straßen und Kanälen.
- ○ durch die Errichtung staatlicher Manufakturen.
- ○ durch die Gründung von Petersburg und den Bau einer Flotte.
- ○ durch die Einführung der Wirtschaftsform des Merkantilismus.
- ○ durch die Einführung der zuerst in Frankreich eingeführten indirekten Steuern.
- ○ durch den Aufbau einer nach preußischem Vorbild gedrillten Armee und durch den Bau einer Kriegsflotte.

(1) Verbinde die zugehörigen Aussagen.

Auswirkungen auf die Masse der Bevölkerung

Das stehende Heer, der Aufbau der Kriegsflotte und auch das prunkvolle Hofleben verschlangen den weitaus größten Teil der Staatseinnahmen. Da der Adel steuerfrei war, wurde die Last an Abgaben und Steuern für die Masse der Bevölkerung immer drückender. Immer mehr Bauern wurden Leibeigene.

Zarin Katharina II.

Die Zarin Katharina II. setzte die Politik des Zaren Peter fort. Sie führte Krieg gegen die Türken, wodurch Russland Zugang zum Schwarzen Meer erhielt. Sie betrieb die Teilung Polens, um Russland im Westen auszuweiten. Sie bestätigte dem Adel alle Vorrechte. So konnte der Grundherr mit seinen Leibeigenen machen, was er wollte. Leibeigene konnten kein Gericht anrufen; sie wurden wie Ware verkauft oder auch verschenkt. So „schenkte" auch die Zarin nach der Teilung Polens Tausende von Polen als Leibeigene ihren Günstlingen. Aufstände der unterdrückten Bauern und Leibeigenen wurden blutig niedergeschlagen.

Russland wird europäische Großmacht

Ein äußeres Zeichen der Loslösung vom alten Russland ist die Errichtung einer neuen Hauptstadt: ______________ . Nach dem Sieg über die ______________ gewinnt Russland einen Zugang zur ______________ . Nach dem Sieg über die Türken gewinnt Russland einen Zugang zum ______________ und damit auch zum ______________ .
Die Zaren stützten ihre Macht vor allem auf das stehende ______________ und auf die ______________ . Der Adel ist zum Staatsdienst verpflichtet, braucht aber keine ______________ zu zahlen. Die Staatseinnahmen sollen durch die Einführung der ______________ Steuer und durch die Einführung der Wirtschaftsform des ______________ erhöht werden. Die Produktion an Waren wird durch die Errichtung von ______________ erhöht. Die neu gewonnenen Zugänge zur ______________ und zum ______________ ermöglichen für Russland die Teilnahme am Überseehandel.

England strebt die Beteiligung am Welthandel an

Spanier - Portugiesen - Niederländer

Die Spanier, Portugiesen und Niederländer beherrschten im 16. Jahrhundert die Seewege nach Amerika, Afrika, Indien und Indonesien. Der Überseehandel mit ihren Kolonien erbrachte den Mutterländern hohe Gewinne.

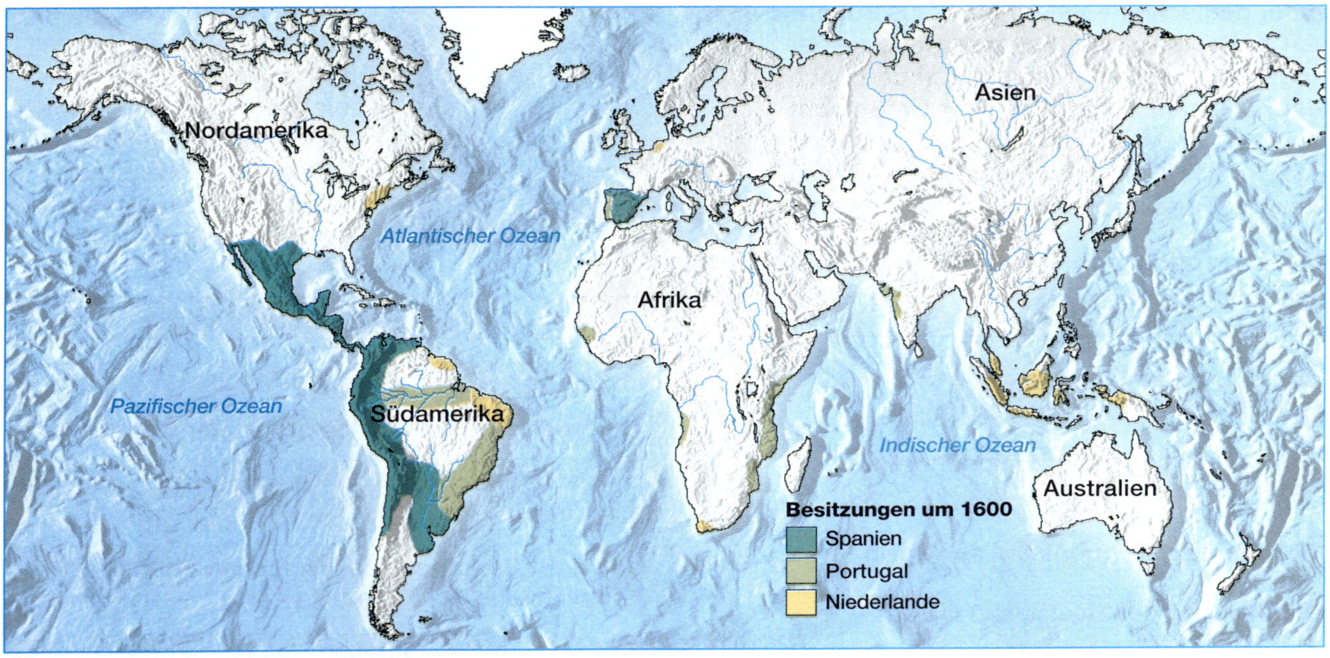

① Wo lagen vorwiegend die Besitzungen der Kolonialmächte?

Spanien: ______________________________

Portugal: ______________________________

Niederlande: ______________________________

(Mittelamerika; Südamerika; im Norden Südamerikas; Indonesien; Indien; Südamerika; Amazonasgebiet; West- und Ostküste Afrikas)

Kaperbriefe für englische Piraten

Auch englische Kaufleute und Kapitäne wollten sich an dem gewinnbringenden Welthandel beteiligen. Doch die Spanier, Portugiesen und Niederländer duldeten keine englischen Schiffe auf ihren Schifffahrtslinien und ließen keine englischen Schiffe in die Häfen ihrer Kolonien. Da wählten die Engländer einen anderen Weg: Sie wurden zu Piraten. Die zahlreichen Inseln vor der mittelamerikanischen Küste boten ihnen gute Schlupfwinkel. Von diesen Stützpunkten aus überfielen sie vorwiegend die Silberschiffe der Spanier und plünderten sie aus. Da die Beute oft sehr groß war, beteiligte sich das Königshaus an dieser Freibeuterei: Die Piraten-Kapitäne erhielten einen Kaperbrief und gaben dafür einen Teil der Beute an das Königshaus ab. Deshalb wurden die Piraten auch gefeiert und geehrt, wenn sie mit großer Beute von ihren Fahrten zurückkehrten.

Richtlinien zur Ausstellung von Kaperbriefen aus der Zeit der Königin Elisabeth I. von England, 1558-1603

„Die genannten Kaufleute und sonstigen Personen sollen gesetzlich berechtigt sein auf See alle Schiffe und Güter der Untertanen des Königs von Spanien mit Waffengewalt anzugreifen, wegzunehmen und zu behalten ..., als ob es zurzeit offenen Kriegszustandes ... geschähe ... Jeder ..., der bei einem solchen Unternehmen Dienste leistet ..., soll in keiner Weise eines Vergehens ... beschuldigt ... werden, sondern ... unter gesetzlichem Schutz ...“
(Geschichte in Quellen, Bd. 3, München 1966, S. 388)

② Kreuze an, was zutrifft.

- ☐ Ein Kaperbrief bestimmt für die Seeräuber die Strafverfolgung im Mutterland.
- ☐ Ein Kaperbrief sichert den Seeräubern Straffreiheit im Mutterland zu.

③ Wettbewerb um die gewinnbringende Teilnahme am Welthandel im 16. Jahrhundert. Kreuze Zutreffendes an.

- ☐ Die Spanier besitzen das größte Kolonialreich.
- ☐ Spanier, Portugiesen und Niederländer haben die Übermacht auf den Weltmeeren und dulden keine englischen Schiffe in ihren Häfen.
- ☐ Spanier, Portugiesen und Niederländer treiben mit den Engländern Seehandel.
- ☐ Englische Schiffe dürfen keine spanischen Häfen anlaufen; sie suchen sich deshalb Schlupfwinkel in der mittelamerikanischen Inselwelt.
- ☐ Englische Kapitäne verschaffen sich Gewinne am Seehandel durch Freibeuterei.
- ☐ Piraten-Kapitäne erhalten von ihrer Regierung Kaperbriefe und führen dafür einen Anteil der Beute an die Regierung ab.

England erringt die Vorherrschaft im Überseehandel

Englische Handelsgesellschaften

Nach 1600 versuchten die Engländer sich immer stärker am gewinnbringenden Seehandel zu beteiligen. Schon 1588 hatten sie ihren stärksten Gegner, Spanien, in einer großen Seeschlacht entscheidend geschwächt.
Immer mehr Schiffe wurden benötigt. Schiffsbau und die Ausrüstung und Bewaffnung der Schiffe kosteten viel Geld. Darum schlossen sich Bankiers, Kaufleute und Schiffseigner zusammen.
Sie gründeten Handelsgesellschaften. Die Stützpunkte der Handelsgesellschaften in Ostindien, in Afrika und in Nordamerika wurden militärisch gesichert.

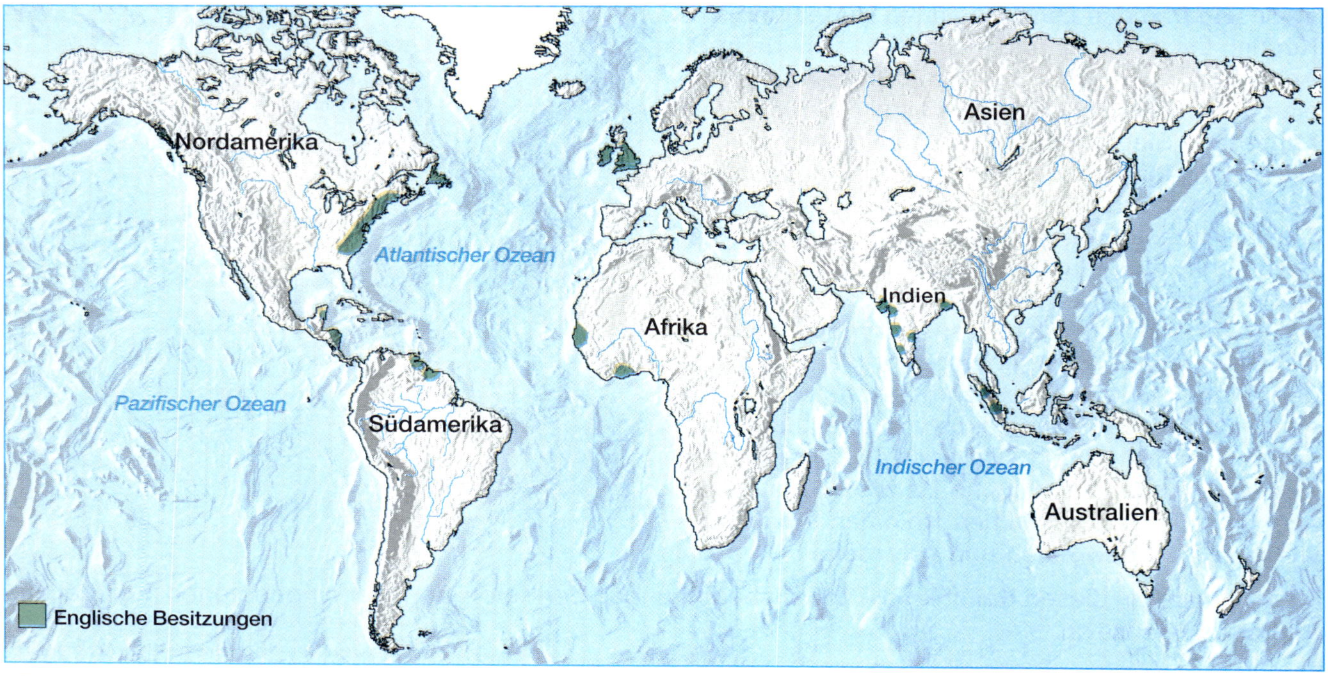

(1) Zeichne mit roter Farbe Schiffswege von England zu den englischen Handelsniederlassungen und Kolonien ein.

Das englische Schifffahrtgesetz

Nachdem die spanische Handelsmacht ihre führende Rolle im Überseehandel verloren hatte, beherrschten die Niederländer den Welthandel. Sie verfügten über eine Flotte von 35 000 Schiffen.
Um die Niederländer zu schwächen und dadurch den eigenen Gewinn zu erhöhen erließ die englische Regierung das Schifffahrtgesetz (1651). Das Gesetz besagte u. a.:

1. Nur auf englischen Schiffen dürfen Waren aus Übersee nach England transportiert werden.
2. Nur auf englischen Schiffen oder auf Schiffen der Ursprungsländer der Waren dürfen Erzeugnisse aus Europa nach England eingeführt werden.
3. Fische dürfen nur nach England eingeführt werden, wenn sie von englischen Fischern gefangen worden sind.
4. Fische oder Fischprodukte dürfen nur auf englischen Schiffen ausgeführt werden.

Dieser Eingriff in den freien Welthandel führte zu mehreren kriegerischen Auseinandersetzungen mit den anderen Handelsmächten. Schließlich mussten alle - auch die Niederländer - das Schifffahrtgesetz und die englische Vormacht im Welthandel anerkennen.

(2) Wer sollte durch das Schifffahrtgesetz vor allem getroffen werden?

____

____

Von der Freibeuterei zur Vormacht im Welthandel

Die Spanier, Portugiesen und die Niederländer duldeten keine ____________ Schiffe auf den Weltmeeren. Auch die Häfen in den Kolonien der Spanier, Portugiesen und Niederländer waren den ____________ versperrt. Da suchten sich englische Piraten Schlupfwinkel in der Inselwelt ____________. Von dort aus überfielen sie die ____________ und ____________ Schiffe und plünderten sie aus.

Die Engländer verstärkten ihre ____________. Sie gründeten ____________. Diese Handelsgesellschaften hatten Stützpunkte in ____________, ____________ und ____________. Mithilfe des ____________ und durch Kriege errang England die Vormacht im Welthandel.

(englischen; Engländern; Mittelamerikas; spanischen und portugiesischen; Kriegs- und Handelsflotte; Handelsgesellschaften; Indien, Afrika, Nordamerika und auf den Inseln Mittelamerikas; Schifffahrtgesetzes)

Engländer besiedeln die Ostküste Nordamerikas

Seit 1600 wanderten aus vielen Ländern Europas Menschen nach Übersee aus. Manche suchten Land, die politische und religiöse Freiheit. Manche suchten auch Abenteuer und Reichtum.
Im Jahre 1606 gründeten englische Auswanderer die erste englische Kolonie an der Ostküste Nordamerikas: Virginia. Sie bauten sich unter großer Mühsal in diesem fremden Land die ersten Hütten und eine Kirche. Sie rodeten und schafften sich dadurch Ackerland. Ihr Zusammenleben regelten sie durch eine demokratische Ordnung. Bald kamen aus dem Mutterland Siedler nach. Die Kolonie wuchs.
Die Kolonisten entschieden sich für den Tabakanbau, da der Tabak in Europa gut bezahlt wurde. Diesen Anbau nur einer Pflanzenart auf großen Flächen nennt man Plantagen-Wirtschaft. Da Arbeitskräfte fehlten, wurden Afrikaner als Sklaven gekauft. Je weiter sich die Plantagen ausdehnten, umso weiter wurden die eingeborenen Indianer zurückgedrängt. Im Laufe des Jahrhunderts wurde die ganze Ostküste Nordamerikas von Engländern besiedelt. Es entstanden 13 Kolonien. In den südlichen Kolonien wurden vorwiegend Baumwolle und Reis angebaut; in den nördlichen Kolonien wurde vorwiegend Holz gewonnen und verarbeitet.

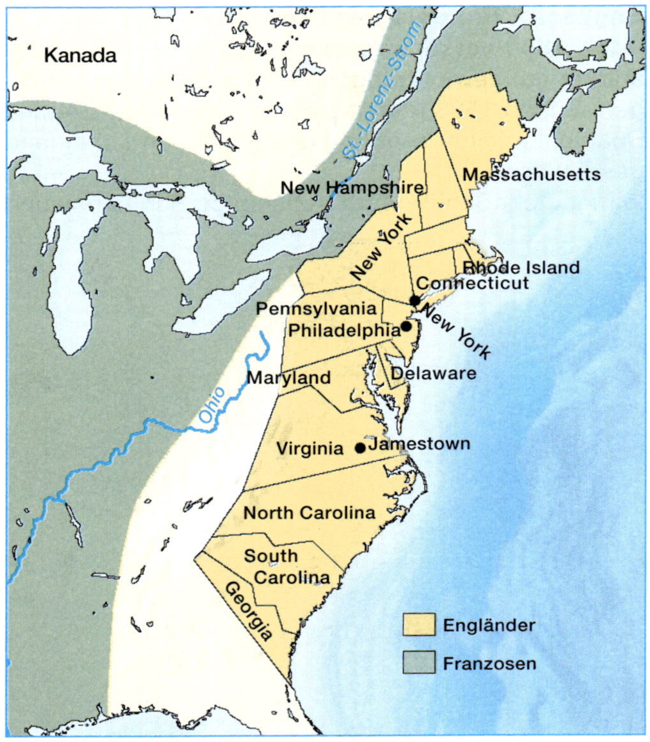

(1) Wie waren in diesen Kolonien die Lebensbedingungen der Kolonisten, der eingeborenen Indianer, der Afrikaner? Kreuze an.

	Kolonisten	Indianer	Afrikaner
Sie suchen und finden politische und religiöse Freiheit.			
Sie verlassen freiwillig ihre Heimat.			
Sie werden aus ihrer Heimat verdrängt.			
Sie werden mit brutaler Gewalt in einen anderen Erdteil transportiert.			
Sie werden wie Vieh mit Brandzeichen kenntlich gemacht.			
Sie schaffen sich eine demokratische Selbstverwaltung.			
Sie werden wie Arbeitstiere gehalten.			
Sie werden bekämpft und zurückgedrängt.			
Sie gewinnen Zuwachs an Eigentum und Reichtum.			
Sie sind völlig recht- und besitzlos.			
Sie verlieren ihre angestammten Wohnsitze und Jagdreviere.			
Sie sind mit ihren Waffen im Kampf um ihren Heimatraum unterlegen.			

Ein schwedischer Beobachter, der Nordamerika von 1753 bis 1761 bereiste, berichtete:
„Die englischen Kolonien in diesem Teil der Welt haben an Einwohnerzahl und an Reichtum so sehr zugenommen, dass sie es fast mit dem Alten England aufnehmen können. Um nun Autorität und Handel des Mutterlandes nicht zu beeinträchtigen ... hat man den Kolonisten verboten neue Manufakturen zu errichten, die sich zum Nachteil des britischen Handels entwickeln würden. Sie dürfen nicht nach Gold oder Silber graben, es sei denn, sie schickten es sofort nach England. Mit wenig Ausnahmen steht es ihnen nicht frei mit Gebieten Handel zu treiben, die nicht zum britischen Herrschaftsbereich gehören, noch dürfen Ausländer mit ihnen Handel treiben. Diese und andere Beschränkungen haben dazu geführt, dass die Sympathie der Einwohner der englischen Kolonien für ihr Mutterland abnimmt ... Engländer ... haben mir erzählt, dass die Kolonien in Amerika in einer Zeitspanne von dreißig, vierzig oder fünfzig Jahren einen eigenen Staat bilden könnten, vollständig unabhängig vom Alten England."
(Die Amerikanische Revolution in Augenzeugenberichten, hrsg. von W. P. Adams und A. Meurer Adams, dtv 1054, München 1976, S. 29)

Die Kolonisten sind ausgewandert um in Freiheit arbeiten und leben zu können.

(2) Worüber sind sie deshalb empört? Unterstreiche die Gründe für die Entfremdung vom Mutterland.

(3) Was wird in dem Reisebericht über eine mögliche Entwicklung der englischen Kolonien in Nordamerika vorausgesagt? Berichte.

England erringt die Herrschaft über Indien

England dehnt seinen Einfluss in Indien durch eine straffe Verwaltung aus

Da die Engländer über die größte Handels- und Kriegsflotte verfügten, konnten ihre Ostindische Handelsgesellschaft den Warenumsatz laufend steigern. Schließlich gingen die Engländer dazu über, nicht nur den Handel, sondern auch das Land zu beherrschen. Dabei nutzten sie auch die vielen Streitigkeiten aus, die die indischen Fürsten untereinander hatten. Sie schlossen Verträge und setzten eigene, gut geschulte Beamte für eine straffe Verwaltung ein. Sie richteten Schulen und Universitäten ein. Diese Ausbildung kam aber nur einer kleinen Oberschicht zugute. Aus diesem Kreis ergänzten sie laufend die Beamtenschaft, da für Europäer das Klima schlecht verträglich war.

Der Wettlauf um Stützpunkte in Indien

Seit Vasco da Gama den Seeweg nach Indien entdeckt hatte (1498), galt Indien, das etwa so groß ist wie Europa, als das „Wunderland" im fernen Osten. Indien besaß eine der ältesten Kulturen in der Welt; Handel und Gewerbe standen in hoher Blüte, besonders die Weberei und die Metallverarbeitung.
Indische Textilwaren galten als die besten in der Welt. Es wurden Baumwolle, Jute, Reis, Ölfrüchte und Weizen angebaut.
Es bot sich damit ein reichhaltiger Handel an. So begann denn auch ein Wettlauf nahezu aller europäischer Länder um Teilhabe am Handel mit Indien.

(1) Unterstreiche die Handelsgüter, für die sich europäische Länder interessiert haben werden. Begründe.

Die Engländer gewinnen die Herrschaft über Indien

Sie bauten ein großes Heer auf. Nur der Kern dieses Heeres bestand aus Engländern, die weitaus größere Anzahl der Soldaten und Offiziere waren Inder.
In kriegerischen Auseinandersetzungen gelang es den Engländern die anderen Europäer aus Indien zu verdrängen und den größeren Teil Indiens zu beherrschen. Im restlichen Teil beließen sie indische Fürsten in ihrer Stellung; diese aber waren durch Verträge fest an die englische Herrschaft gebunden.
300 Jahre herrschten die Engländer in Indien, bis es den Indern gelang im Jahre 1947 ihre Selbstständigkeit zu erringen.

Indien - Englands ertragreichste Kolonie

Die Engländer führten in Indien die Plantagenwirtschaft ein. Es wurden vorwiegend Baumwolle, Tee, Indigo (blauer Farbstoff), Reis und Jute angebaut. Die Weiterverarbeitung dieser Rohstoffe durfte nicht in Indien geschehen. Sie wurden ins Mutterland transportiert. So liefen die Betriebe in England auf Hochtouren. Für den Überschuss an Fertigwaren bot Indien einen guten Absatzmarkt, zumal Indien nur aus England Fertigwaren einführen durfte.
Um die Mitte des 18. Jahrhunderts war England führende Handelsmacht und Weltmacht.

(2) Worauf stützten die Engländer vorwiegend ihre Herrschaft in Indien? Schreibe in Stichworten auf.

___

___

---

(3) Wie baute England seine Kolonialherrschaft in Indien auf? Kreuze an. Falls du eine Aussage nicht ankreuzt, dann begründe deine Entscheidung.

- ☐ Sie erweiterten laufend ihren Warenumsatz.
- ☐ Sie nutzten die Streitigkeiten unter den indischen Fürsten aus.
- ☐ Sie führten eine straffe Verwaltung ein.
- ☐ Sie setzten nur englische Beamte ein.
- ☐ Sie setzten auch viele Inder als Beamte ein.
- ☐ Sie tauschten viele englische Beamte und Offiziere nach einigen Jahren aus, da sie Heimweh hatten.
- ☐ Sie tauschten nach einigen Jahren viele Beamte und Offiziere aus, weil das Klima für Europäer schlecht verträglich war.
- ☐ Die Plantagenwirtschaft sicherte große Ernteerträge.
- ☐ Die Engländer stellten ein großes Heer auf, das nur aus Engländern bestand.
- ☐ Sie verdrängten die Portugiesen, Dänen, Spanier, Holländer und Franzosen aus Indien.
- ☐ In Indien wurden viele Manufakturen errichtet.
- ☐ Die Inder durften keine Manufakturen errichten und keine Maschinen einführen.
- ☐ Durch das auferlegte Wirtschaftssystem wurde Indien völlig abhängig von England.

Auswirkungen für die Inder

Die Plantagenwirtschaft in Monokulturen führte zur laufenden Verkleinerung der Ackerflächen der Bauern, sodass Nahrungsmittel oft, besonders in Dürrezeiten, knapp wurden.
Das Verbot Rohstoffe weiterzuverarbeiten, führte zum Niedergang des indischen Gewerbes. So entstanden im Gefolge der wirtschaftlichen Maßnahmen der Kolonialherren Hungersnöte, Arbeitslosigkeit und Verarmung für die Masse der Bevölkerung.

(4) Wodurch war der Niedergang des einst so blühenden indischen Gewerbes bedingt?

Weißt du es noch?

1517 Was geschah im Jahre 1517? Kreuze an.

- ☐ Martin Luther übersetzt die Heilige Schrift in die deutsche Sprache.
- ☐ Luther verteidigt seine Auslegung der Heiligen Schrift vor dem Reichstag zu Worms.
- ☐ Martin Luther veröffentlicht 95 Thesen zum Ablasshandel.

1525 Die Bauern erheben sich und fordern:

- ☐ Rückgabe der alten Rechte (freies Jagdrecht, freier Fischfang, freier Holzschlag),
- ☐ Aufhebung der Leibeigenschaft,
- ☐ Abschaffung zusätzlicher Abgaben,
- ☐ Abschaffung aller Abgaben,
- ☐ Gerechtigkeit (d. h. Rechtsprechung nach überliefertem Recht und nicht nach der Willkür des Grundherrn),
- ☐ Einschränkung der Frondienste,

(siehe dazu S. 29, 30, 31)

1525 Martin Luther

- ☐ verurteilt die menschenunwürdige Behandlung der Bauern durch die Grund- und Landesherren,
- ☐ unterstützt die Forderungen der Bauern,
- ☐ fordert Aussprache zwischen Grundherren und Bauern,
- ☐ versagt später den Bauern seine Unterstützung, weil sie in blindem Zorn plündern und morden,
- ☐ kümmert sich nicht um die Forderungen der Bauern.

1555 Im Augsburger Religionsfrieden wird festgelegt:

- ☐ Die Lehre Luthers ist verboten,
- ☐ die Lehre Luthers wird wie die katholische Lehre anerkannt,
- ☐ jeder darf frei ein Bekenntnis wählen,
- ☐ jeder muss das Bekenntnis seines Landesherrn annehmen; wer das nicht will, muss das Land verlassen und verliert dazu seinen Besitz.

(s. dazu S. 34)

1546 bis 1563 Das Konzil von Trient

- ☐ verwirft die Lehren der Reformatoren,
- ☐ verbietet den Verkauf kirchlicher Ämter,
- ☐ verbietet den Ablasshandel,
- ☐ anerkennt die Lehre Martin Luthers,
- ☐ verlangt eine gründliche Ausbildung der Priester.

„Prager Fenstersturz" (1618)

(1) Was fällt dir dazu ein? Berichte.

(2) Kreuze an, was zutrifft.

- ☐ Nach dem 30-jährigen Krieg war Deutschland ein einheitlicher Staat,
- ☐ ein in 350 selbstständige Klein- und Kleinststaaten zerstückeltes Land.

„Westfälischer Friede" (1648)

(3) Was weißt du darüber? Berichte.

(4) Kreuze an, was zutrifft.

- ☐ Nach dem 30-jährigen Krieg hatte der Kaiser an Macht in Deutschland gewonnen,
- ☐ war die Machtstellung des Kaisers in Deutschland entscheidend geschwächt.

(5) Ordne die nachfolgenden Aussagen und Stichwörter den Herrschern zu, indem du jeweils die entsprechende Ziffer einträgst. Einige Aussagen treffen für beide zu. Verwende dann die Ziffern 1/2.

Ludwig XIV. von Frankreich (1661-1715) (1)

Friedrich II. von Preußen (1740-1786) (2)

- ☐ Schloss von Versailles
- ☐ prunkvolle Hofhaltung
- ☐ Der Staat bin ich
- ☐ Der König ist der erste Diener des Staates
- ☐ Der Adel stützt den Staat
- ☐ Der Adel wird entmachtet
- ☐ Die katholische Religion ist Staatsreligion
- ☐ Religionsfreiheit

- ☐ Der König greift in Prozesse ein
- ☐ Der König will unabhängige Richter
- ☐ Gleiches Recht für alle
- ☐ Absolutismus
- ☐ Aufgeklärter Absolutismus
- ☐ Merkantilismus
- ☐ Manufakturen
- ☐ Indirekte Steuern

Ausschneideblatt 1

zu Seite 3

Zuerst wird ein Buchstabenstempel aus Stahl hergestellt.	Der Buchstabenstempel wird mit einem Hammer in eine Kupferplatte geschlagen.	Der Buchstabenabdruck wird mit einer Legierung aus Blei, Zinn und anderen Metallen ausgegossen.	Nach der Abkühlung ist ein fertiger Metallbuchstabe entstanden.

zu Seite 9

Dieser italienische Seefahrer lebte von 1451-1506. Er studierte mit Eifer die neue Lehre von der Kugelgestalt der Erde und hatte den kühnen Plan in westlicher Richtung zu segeln um Indien zu erreichen.

Mit einer portugiesischen Flotte fuhr er im Jahre 1498 an der Westküste Afrikas entlang, überwand das gefürchtete „Kap der Guten Hoffnung“ und gelangte über den Indischen Ozean nach Indien.

Dieser portugiesische Seeoffizier in spanischen Diensten lebte von 1480-1521. Er wollte den endgültigen Beweis von der Kugelgestalt der Erde erbringen und begann 1519 mit 5 Schiffen eine Erdumseglung.

Dieser portugiesische Seefahrer lebte von 1469-1524. Sein Plan war den dunklen Erdteil Afrika zu umsegeln um auf diesem Wege Indien zu erreichen.

Er fand um die Südspitze Südamerikas eine Durchfahrt zum Stillen Ozean und erreichte die Philippinen. Hier starb er 1521. Nur ein Schiff seiner Flotte kehrte nach dreijähriger Fahrt rund um die Erde wieder heim.

Mit Unterstützung Spaniens rüstete er drei Schiffe aus und überquerte den noch unbekannten Atlantik. Im Jahre 1492 landete er vor der Küste Amerikas nach 70-tägiger Fahrt auf einer kleinen Insel, die er San Salvador nannte.

zu Seite 13

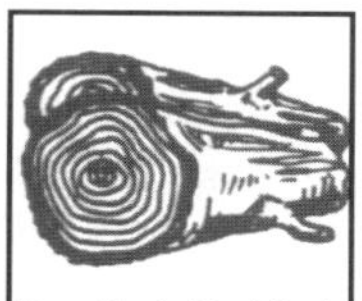
Brasilholz/Farbholz

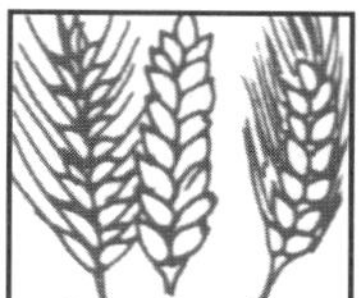
Getreidearten

Kaffee

Kakao

Kartoffeln

Mais

Obst u. Gemüse

Pferde und Federvieh

Tabak

Zuckerrohr

zu Seite 25

„Hier sitzt der Antichrist, der Ablässe ... und Bischofsämter verkauft, der Kirchengesetze macht und sie für Geld wieder zerreißt, der heilig spricht und verdammt und der gebietet, seiner Stimme mehr zu gehorchen als der Stimme Gottes.“

„Christus“ hat ... alle (Geld-) Wechsler aus dem Tempel getrieben, Geld ausgeschüttet ... und gesprochen: Macht euch davon ... aus meines Vaters Haus sollt ihr kein Kaufhaus machen ... Dein Geld sei mit dir verdammt.“ (Übersetzt nach den originalen Bildunterschriften)

Ausschneideblatt 2

zu Seite 27

Luther veröffentlicht 95 Thesen in lateinischer Sprache. Er übt darin Kritik am Missbrauch mit dem Ablass. Mit diesen Thesen fordert er zu einer Aussprache über Ablass, Buße, Schuld und Strafe auf. Die Thesen werden ins Deutsche übersetzt und überallhin verbreitet.

Der Papst fordert Luther auf, seine Aussagen zu widerrufen. Luther widerruft nicht. Der Papst erklärt ihn zum Ketzer. Luther verbrennt die päpstliche Bulle öffentlich.

Kaiser Karl V. lädt Luther vor den Reichstag zu Worms. Luther soll seine Kritik an der Kirche und seine Schriften widerrufen. Er weigert sich gegen sein Gewissen zu handeln. Der Kaiser verhängt die Reichsacht über ihn.

Auf der Wartburg übersetzt Luther das Neue Testament ins Deutsche. Diese Bibelübersetzung kann in allen Gegenden Deutschlands gelesen werden. Luther schafft damit eine einheitliche deutsche Schriftsprache.

Die Lutherbibel wird zum deutschen Volkslesebuch. Schon nach einem Jahr sind 6000 Exemplare verkauft. Durch Luthers Bibel und seine Schriften wird die Reformation weit verbreitet.

Durch den Kirchenbann ist Luther aus der Kirche ausgeschlossen. Durch die Reichsacht ist er vogelfrei geworden. Damit ist er recht- und schutzlos. Luthers Landesherr, der Kurfürst von Sachsen, lässt Luther auf die Wartburg bringen. In diesem sicheren Versteck lebt er als „Junker Jörg“.

zu Seite 39

Die Niederländer protestierten gegen die Unterdrückung. Sie forderten in einer Bittschrift die Einberufung eines Parlamentes.

Die Spanier wiesen die Bittschrift zurück.

Er wollte die katholische Kirche zur Staatskirche machen. Er schickte Truppen in die Niederlande und ließ die Inquisition einrichten.

Die nördlichen Provinzen erklärten ihre Unabhängigkeit.

Niederländer schlossen sich unter Wilhelm von Oranien zusammen. Sie bewaffneten sich und griffen die Spanier von der See her an.

Calvinistische Prediger predigten gegen die Unterdrückung. Erregte Menschen zerstörten in katholischen Kirchen Altäre und Bilder.

Die Militärherrschaft Albas zerbrach am Freiheitswillen der Niederländer.

Der König schickt Herzog Alba mit einer Armee in die Niederlande. Tausende werden zum Tode verurteilt.